一本在手，出行无忧

美国亲子游

沐光　编著

北京出版集团公司
北京美术摄影出版社

图书在版编目（CIP）数据

美国亲子游 / 沐光编著. — 北京：北京美术摄影
出版社，2019.8
  ISBN 978-7-5592-0272-7

  I.①美… II.①沐… III.①旅游指南 — 美国 IV.
①K971.29

  中国版本图书馆CIP数据核字 (2019) 第103369号

美国亲子游
MEIGUO QINZIYOU

沐光　编著

出　　版　北京出版集团公司
　　　　　北京美术摄影出版社
地　　址　北京北三环中路6号
邮　　编　100120
网　　址　www.bph.com.cn
总 发 行　北京出版集团公司
发　　行　京版北美（北京）文化艺术传媒有限公司
经　　销　新华书店
印　　刷　天津联城印刷有限公司
版印次　2019年8月第1版第1次印刷
开　　本　889毫米×1194毫米　1/32
印　　张　8
字　　数　321千字
书　　号　ISBN 978-7-5592-0272-7
定　　价　69.00元
如有印装质量问题，由本社负责调换
质量监督电话　010-58572393

目录

Contents

第三章
看名校一定要去的 2 条路线 187

第四章
国家公园游一定要去的 4 个地方 207

第 一 章
带着孩子，旅行前
你需要准备些什么

1 选择比较适合亲子游的目的地

选择亲子游目的地，航程远近、游玩天数、当地治安、卫生条件都是需要考虑的因素。对小孩子来说，一般不宜选择飞行时间过长或需多次转机的目的地，以免长途飞行带来身体上的不适。此外，应选择那些符合孩子兴趣，能提供儿童娱乐设施的景点，如科技馆、动物园、海底世界等，这些景点不仅能让孩子感兴趣，还能激发他们的好奇心和求知欲。总体而言，比较适合亲子游的目的地主要可分为以下几种。

- 自然科学类：如海洋公园、野生动物园、森林公园、植物园、海岛海滩、博物馆、科技馆等。
- 以"动感、新奇、刺激"为主题的公园 / 游戏场：如迪斯尼、欢乐谷等。
- 历史人文：如北京故宫、万里长城，西安兵马俑等。
- 民俗游：以休闲和深入体验民俗风情为主的旅游，如云南的大理、丽江，广西的桂林、阳朔等。

2 让孩子成为旅行的参与者而不是跟随者

- 通过地图或相关景点的图片，增加孩子对旅游目的地的了解。
- 在孩子力所能及的范围内，提前布置一些旅行任务给孩子，培养孩子的自理能力和责任意识。
- 为孩子准备探索自然的工具，鼓励他收集感兴趣的事物，激发孩子对事物的兴趣。
- 给孩子准备一本空白的涂鸦本，让孩子写写画画，培养他的动手能力，激发孩子的发散思维。

- 在出发之前，同孩子一起学习一些旅途中的急救知识，告诉孩子在旅途中或许会出现各种各样的意外情况，让孩子做好充足的准备。

3 如何让孩子游玩得更开心？

● 根据孩子的身体状况具体安排，行程不宜过于紧密，一地式的短程旅游最为理想，可以根据孩子的情况自由调整行程。旅途中应尽量安排孩子在一些较空旷的地方活动，如公园、广场等。

● 提前做好功课，根据孩子的喜好选择景点和路线，选择有助于孩子留下深刻记忆的地方，例如，海边拾贝壳、海洋馆观看动物表演等。

● 外出旅游一般都近山近水。登山时一定要注意力集中，在陡峭处观景应当停止步行，避免脚步踩空而出现危险。对于不了解、没有正式开放的水域，要告诉孩子绝对不要去游泳。

● 野餐布在海边、草坪上都能用到，既可以防水，又能让孩子坐在上面玩耍、吃东西，避免因为接触沙子和草地而感到不舒服。

● 儿童在旅途中时间过长了，通常会感到无聊。跟孩子做些小活动，玩点小游戏，不要让孩子闹起来以后才设法使他安静。

4 必备的旅途急救知识

● 晕车
症状：头晕、恶心、呕吐、头疼、出很多汗、脸色苍白、流口水或口水增多、不爱睡觉。
处理方法：如果是乘汽车旅行，那就马上把车停在路边最近的休息区，让孩子下车呼吸一些新鲜空气。如果在飞机上，请乘务员尽可能给孩子安排一个靠近机翼的位置坐下。如果乘船旅行，马上把孩子抱到甲板上，尽量让他向正前方的海平面看着。另外，喝点煮熟的姜水对治疗晕车也很有帮助。
如何预防：出发前，最好让孩子吃些好消化的食物，比如饼干。还可以多给他喝点水，防止晕车后出现脱水症状。如果孩子经常晕车，就可以咨询医生是否可以吃点晕车药防止晕车。

● 耳鸣
症状：耳朵疼，难受。不会说话的宝宝则会一边抓着自己的耳朵一边哭闹不止。
处理方法：这种情况多出现在飞机起飞和降落的时候，可以让孩子喝点水，或吃些东西。咽水和咽食物的过程，可以缓解气压给耳朵带来的痛苦。

如何预防： 对孩子要提前培训，告诉他飞机起飞和降落的时候要学妈妈的样子咽口水，直接告诉他飞机上的感觉，让他做好心理准备。另外，在出发前还可以咨询医生，是否可以给孩子服用一些缓解痛苦的药物。

● 腹泻

症状： 突然的腹泻会把你和孩子弄得不知所措，通常一天会有 5~6 次，都是水样的便便。

处理方法： 孩子时常会在旅途中出现腹泻，可能是因为生活习惯改变，也可能是因为大家常说的水土不服，严重一点的是因为感染了某些细菌。不必着急，大多数情况只要护理好了很快会痊愈。这时候你先要给孩子补充一些电解质溶液，防止孩子出现脱水症。饮食上要多给孩子吃一些清淡的食物。随身携带的止泻药这时候也该登场了。如果孩子的腹泻持续三天还没见好转，或者他还伴有呕吐、大便出血等症状，就要马上和医生联系。

如何预防： 如果你们是在外野营，要保证你们的食物必须是新鲜的，烹饪的时候一定要煮熟。如果是到外地旅游，最好给孩子喝瓶装水。

● 晒伤

症状： 被晒伤的皮肤通常发红，有一点肿，还会有灼热的感觉。

处理方法： 儿童的皮肤比成人的要细嫩得多，抗紫外线的能力也就小得多，如果孩子被晒伤，先要进行冷敷，用冷毛巾在晒伤的部位敷上 10~15 分钟。如果你觉得处理不了，就到当地的医院检查。这期间最好让孩子多休息，多吃些水果，补充维生素，促进皮肤恢复。

如何预防： 旅游期间孩子出现晒伤会很难受，所以提前预防比事后治疗更重要。如果带孩子去海边旅行，白天要尽量带宝宝到有树荫的地方玩耍。出发前 30 分钟要给孩子全身涂上防晒霜，且防晒指数要在 SPF15 以上，玩耍过程中每 90 分钟重新涂抹一次。别忘了给孩子戴上遮阳帽和太阳镜。

5 带孩子旅行，要备好哪些药品？

● 在外旅游最容易出现的儿童健康问题是肠胃不适，或因受凉引起腹泻、肚子痛等现象，因此可以备一些儿童肠胃药。

● 如果是夏天出游，要带上防蚊药，在树木、花草比较多的地方玩耍时，要尽量避免被蚊虫叮咬。

● 长途旅行时，孩子很容易晕车晕船，最好提前备好晕车药。

● 有时，孩子会因水土不服而消化不良或皮肤过敏，可提前咨询医生，并开一点儿助消化、抗过敏及其他相关的药品备用。

● 其他如体温计、绑带、纱布、创可贴、消毒纸巾、退烧药等最好都准备一些。

6 必须知道的衣食住行

● 衣

○ 查询出行时期所在城市与目的地每一天的天气变化，根据天气准备衣物。

○ 在孩子正常换洗衣物的基础上多带2~3套，以防突发状况。

○ 要让孩子穿着宽松的服装，便于孩子活动。孩子玩时不要穿得过多，因为容易出汗；孩子玩耍不太激烈时，会有冷的感觉，可拿出备好的衣服，避免一冷一热而诱发感冒。

○ 一定要再带上几个干净的塑料袋，可以将孩子换下来的衣服分开存放，既方便又卫生。

○ 旅途中，孩子可能会睡着，带一条小薄被是非常有必要的。不要太厚，毛巾被即可。

● 食

要携带一些事先准备好的餐点干粮，包括孩子爱吃的食物、饮料。

○ 新鲜的水果和健康的小零食是旅途中不可或缺的食品。

○ 外出旅游应从总体上保持原有的饮食规律，按时就餐，避免两餐之间隔时间过长，还要防止暴饮暴食。

○ 特别要注意饮食卫生，绝对不吃不清洁或变质的食品，尤其是在炎热的夏季，更应提高警惕。

○ 各地水质标准不同，可能会出现水土不服的情况。最保险的办法是将瓶装水烧开，冲兑成温水再给孩子饮用。

● 住

○ 出行前，最好提前订好酒店。

○ 必要时，可以自带被单、床单和小孩的枕套，让孩子安心入睡。

○ 保证孩子充足的睡眠。孩子听说要出去玩，通常比较兴奋，会影响睡眠，父母要做好工作让其安心入睡，为出游积蓄精力。

○ 入住酒店后，首先应了解安全出口在何处，以防发生意外时不知从何处逃生。

○ 住宿的房间内如果有电风扇或空调，应该避免夜间对人直吹。

● 行

◎ 乘飞机

未满 2 周岁的婴幼儿按成人全票价的 10% 购票，不单独占用座位。如需要单独占用座位，应购买儿童票。已满 2 周岁而未满 12 周岁的儿童按成人全票价的 50% 购票。搭乘飞机时最好预订各区段第一排的座位，并询问飞机上是否有婴儿专用台或婴儿床。须注意的是，购买婴儿机票、儿童机票时，应提供婴儿、儿童出生年月的有效证件，如出生证、户口簿、身份证等。

◎ 乘火车

身高不到 1.1 米的儿童有成人监护，可免费乘坐火车，可允许与成人共用一个卧铺。身高不到 1.1 米的儿童如要单独使用卧铺，需购买卧铺票，且最好

预订下铺。乘车时，可以让孩子在车厢中适当走动，但一定要注意安全。

◎ 自驾

对于 6 岁以下的儿童，应配备儿童安全座椅。安装儿童座椅最好的位置是后座中间，家长一定要随时检查安全带是否系好。乘车时要提醒孩子，不要从车窗向外伸头、伸手，系好安全带等。

7 教你几招拍好亲子照

● 确保照片清楚

　　首先是要对焦准确，很多单反以外的相机都已经能自动识别脸部对焦了，基本可以避免焦点找不到的问题。但单反相机大多还是要自己控制对焦点（对焦点就是取景器中半按快门会亮的红点，原始位置在画面的中间，也可以根据需要调整到其他位置），把那个红点对焦到你要拍摄的物体上，半按快门直至红点对焦点呈现最清晰时，完全按下快门就能确保你要拍摄的物体是清晰的。

　　保持手不抖，按快门时手指放松，轻轻按压快门即可，越是按得轻，越能确保相机的平稳，照片也就越清晰。

● **学会观察和利用场景**

　　首先要有丰富的经验来寻找和判断哪个地方适合拍照，不是说这个地方风景好，你往那一站拍出来的就是好照片——最起码你得会辨别太阳的方向，别搞个大背光脸全黑。

　　其次你要知道在当下的环境中需要用广角拍摄还是长焦拍摄，要会在一个杂乱的环境中找到想要拍摄和表现的场景内容。当然，被拍对象的表现也很重要。比如，在海边，可以带着孩子一起奔跑或是一起戏水；在船头，可以和孩子一起坐着眺望远方；在林间小道上，可以牵着他的手一起悠然走过……

　　总之，融洽的画面才会是一张好的照片。

● **后期处理也很重要**

　　裁剪是后期的第一步。

　　经过裁剪，能把照片重新构图，有时一张很普通的照片经过裁剪能成为一张精彩的作品——所以需要你有一定的审美，能重新塑造一张图片。裁剪的时候要学会做减法，别什么内容都想要在一张照片里呈现出来，拍照最忌讳什么都要，只要裁剪出你最想要的部分就可以了，其他杂乱的、细微的元素通通剔除在外。

原图

裁减后效果 1

原图

裁减后效果 2

其他的调整是根据每张照片的特性而言的，最常见的就是色阶、锐化、对比这类简单调整，因为亲子照题材的照片主要还是以记录为主，所以通常不需要做过度的调整。基本的后期操作，买本后期书都会介绍，这里就不啰唆了。

原图

裁减后效果3

● 拜托，别比"剪刀手"了好吗！

小孩子最真实的状态就是自己玩、哭、闹，要认真记录这些瞬间，甚至还要偷拍。孩子该怎么玩就怎么玩，去寻找角度拍摄，把最自然的状态拍出来。最多在按快门的一瞬间喊他一声，记录下最自然的反应。

拍孩子，不全在于技巧，更在于你拍了有多少。

拍得多了，自然会知道怎么去捕捉画面，怎么掐时间，怎么还原孩子的纯真。

孩子大了，总会有情绪，尤其是经常给他拍照，偶尔是会有不耐烦、不配合这样的小情绪，如何最快速地说服他拍照？有时候与其讲大道理，倒不如做点轻松愉快的小交易。

● 硬件：刚入门，M 不适合你

M 是个全手动模式，要你自己设置好需要的光圈和速度组合来拍摄你所需要拍摄的照片，一般只有在摄影棚内使用闪光灯拍摄的时候使用（户外使用闪光灯或者特定需求也可以使用），但在大多数拍摄的情况下，是不会去使用 M 挡的。如果懂一定的摄影基础知识，可以使用 AV 模式拍摄，也就是光圈优先模式，只需要设定好需要的光圈，相机会根据现场的光线自己调配到一个合适的快门速度。景深是通过光圈控制的，照片所需表现的内容也经常会通过景深来突出和表达。

● 答 疑

● 光线条件不好怎么办？

在阳光充足的地方保持一个较高的快门速度是很简单的，光线条件不好的时候，可以提高 ISO 感光度，现在的相机在高感方面都已经做得不错，适当提高 ISO 也不会明显降低照片画质。在画质和清楚两个选项中，拍清楚更重要。适当用上三脚架也能够解决快门速度的问题。另外，可以用机顶闪光灯来弥补光线不足的问题，即使是在全黑的环境中，手持相机仍然可以拍出清晰的照片来。

8 如何指导孩子写游记

　　随着我国素质教育的推进，学校会经常鼓励家长带着孩子旅行，并要求在寒暑假期间能够提交相应游记作文。到某处去参观、游览，哪里的景色令人心旷神怡，哪里的物品令我们流连忘返，把这些内容记下来就是游记。那么如何写好游记或参观记呢？

要定好游记或参观记的顺序

　　游览一处名胜，参观一处地方，总不能想起什么就写什么，想到哪里就写到哪里，一定要有一个顺序，这样才能做到"言之有序"。常用的顺序有时间顺序，可以按时间的不同组织全文，使全文时间清晰、顺序清楚；也可以按地点的顺序，参观或游览了不同的地点，把每个地点的见闻和感受写清楚。

● **要安排好文章的详略**

　　一篇游记或参观记，可能要记叙的地方不止一个，然而我们不能把所记叙的地方都详写，也不能都略写，那样，文章就缺少了起伏，就成了"流水账"。这就要求有详有略，使文章有起有伏。

　　◎ 紧扣文章题目的内容应详写。
　　◎ 给你印象最深的地方要详写。
　　◎ 最有特色的内容应详写。
　　◎ 最能表现中心的内容要详写。
　　◎ 别人了解少的内容可以详写。

● **要适当地写出自己的所闻**

　　所闻能补充所见的不足，使所见更加丰富、生动，所闻可以指当时听见的，也可以是以前听说的或通过别的途径得到的知识。

● **要及时写出自己的感受**

　　文章有感受才有感情，写文章就要表达自己的真情，这样，文章才能言之有情，才能拨动读者的心弦。同时在文章中要写出游览或参观的总感受，把文章推向高潮，并在高潮中结束，这样，才能使读者回味无穷。

9 亲子旅行随身必带物品清单

- ☐ 家庭成员身份证
- ☐ 家庭成员身份证复印件（与身份证分开存放）
- ☐ 机票或电子机票
- ☐ 订房或租车记录（记得预约代码）
- ☐ 驾照
- ☐ 学生证
- ☐ 信用卡
- ☐ 现金若干（进出机场时还是会用到）
- ☐ 地图或方便使用的旅游书
- ☐ 紧急联络电话
- ☐ 换洗衣物（依季节需要，孩子的衣服可多带几套）
- ☐ 外套（依个人和季节需要）
- ☐ 防晒霜
- ☐ 保湿乳液

- ☐ 盥洗用品（出于环保原因，现在部分旅馆已不提供牙刷）
- ☐ 保养品
- ☐ 护肤品（带上孩子专用的）
- ☐ 化妆品
- ☐ 生理用品
- ☐ 雨具
- ☐ 手机
- ☐ 手机充电器
- ☐ 相机
- ☐ 相机备用电池与充电器
- ☐ 塑料袋
- ☐ 备用小行李袋
- ☐ 常备药（感冒药、肠胃药、晕车药，备好孩子常见病用药）
- ☐ 隐形眼镜

第 二 章
游名城一定要去的
6个城市

1 游名城
纽约

🌸 纽约概况

蜘蛛人飞檐走壁于摩天大楼间、每年两次在布莱恩公园举办的纽约时尚周、夏季在中央公园热闹上演的"莎士比亚戏剧节"、林书豪在2012年于麦迪逊广场花园掀起的狂潮、年度吃热狗比赛……无论打开电视、翻阅报纸，或是打开网络，在电影、时尚、文艺、金融、运动等各个方面，一年四季，纽约总是吸引着众人的目光，而这也正是纽约的魅力所在！

👍 线路推荐

第一天： 大都会艺术博物馆—中央公园—古根海姆博物馆—自然史博物馆

第二天： 炮台公园—自由岛&自由女神像—华尔街—南街海港—布鲁克林大桥

第三天： 联合国大楼—克莱斯勒大楼—中央车站—纽约公共图书馆—第五大道—洛克菲勒中心—帝国大厦观景台

第四天： 百老汇—时报广场—梅西百货

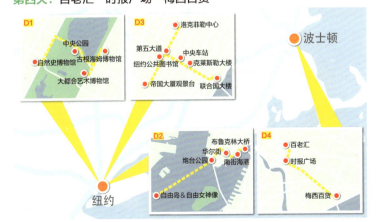

第一天

● 大都会艺术博物馆

🏠 1000 Fifth Avenue, New York 🚇 搭乘地铁 6 号线在 77 St 站下车,搭乘地铁 4、5、6 号线在 86 St 站下车, 后步行约 8 分钟可达 🕐 周日至周四 10:00—17:30、周五和周六 10:00—21:00, 感恩节、圣诞节、劳动节和 5 月第一个周一休息 💲 成人 $25、老人 $17、学生 $12,12 岁以下儿童免费 🌐 www.metmuseum.org

这座西半球最伟大的艺术博物馆面积约达 61 万平方米,收藏品超过 300 万件,从旧石器时代到现代艺术应有尽有,而在这些琳琅满目的跨时代的收藏品中,又以美国艺术最为丰富,然而其他国家的主题馆藏也不容小觑!

大都会艺术博物馆的创立,起源于一群想要建立能够与欧洲抗衡的艺术中心的艺术家与慈善家,于 1870 年开始筹划,历经 10 年才正式开放。不过现今这栋位于第五大道的外形犹如希腊神殿的宏伟建筑,落成于 1902 年,以灰色的印第安纳石灰岩为材质。

收藏品依照地区之别,分别放置于 17 个保管部门展示,其中最精彩的有美国艺术、亚洲近东艺术、埃及艺术、欧洲绘画以及欧洲雕塑和装饰艺术等,而来自荷兰的绘画收藏尤为丰富。

● 中央公园

🚇 可搭乘 N、Q、R 线地铁在 57 St-7 Av 站或 5 Av/59 St 站下车 🏠 中央公园 59th~110th Sts between Fifth Avenue and Central Park West, New York；动物园 64th Street and Fifth Avenue, New York ☎ 中央公园 212-310-6600；动物园 212-439-6500 💻 中央公园 www.centralparknyc.org；动物园 www.centralparkzoo.com 🕐 中央公园 24 小时；动物园 3 月底到 11 月初周一至周五 10:00—17:00、周末和节假日 10:00—17:30，11 月初到次年 3 月底每日 10:00—16:30 💰 中央公园免费；动物园一般门票成人 $12、老人 $9、3~12 岁儿童 $7，全包式门票（含儿童动物园和 4D 剧场）成人 $18、老人 $15、3~12 岁儿童 $13

号称"纽约后花园"的中央公园，面积广达 3.4 平方千米，是一块完全人造的自然景观，其中包括动物园、剧院、喷水池等。公园四季皆美，春天嫣红嫩绿、夏天阳光璀璨、秋天枫红似火、冬天银白萧索。

每年 6—9 月的"莎士比亚戏剧节"是纽约的一大盛事，该活动完全免费，其间从每天 18:15 开始发放免费票券，送完为止，周一公休，每人仅限领 1 张。由于观众相当踊跃，有兴趣的人别忘了尽早排队，19:15 入场，20:00 开始演出。

公园东侧靠近 73 街处的保护水域以"模型船池塘"闻名，春天至秋天的周六早上会举行模型船比赛。位于中央公园西侧的达柯塔大楼，是披头士乐队的成员约翰·列侬生前的住所，这栋大楼的 65 间公寓曾经住过许多赫赫有名的明星，建筑物设计模拟美国西部粗犷的风沙色彩，很有特色。

● 古根海姆博物馆

🏠 1071 Fifth Avenue at 89th Street, New York 🚇 搭乘 4、5、6 号线地铁在 86St 站下车，后步行约 6 分钟可达 ☎ 212-423-3618 🌐 www.guggenheim.org

🕐 周五至周三 10:00—17:45，周六延长开放时间至 19:45；周四公休 💲 成人 $22、老人和学生 $18，12 岁以下儿童免费；周六 17:45—19:45 为自由捐献时段

古根海姆博物馆的建筑本身就是一件旷世杰作，堪称"纽约最杰出的建筑艺术作品"，这是美国当代著名建筑师法兰克·罗依·莱特的最后一件作品，从设计到完成都备受争议。其白色贝壳状混凝土结构建筑的外观，经常比馆藏更受游客青睐，除贝壳状主体外，中庭内部的参观走廊呈螺旋状，大厅没有窗户，唯一的照明来自玻璃天棚的自然采光，五彩变幻的颜色，让参观者仰头观赏时忍不住啧啧称奇。

古根海姆博物馆的展示区包括大圆形厅、小圆形厅、高塔画廊和 5 楼的雕塑区，收藏品多半是由佩吉·古根海姆于第二次世界大战期间赞助欧洲艺术家所得，包括 19 世纪至 20 世纪的雕塑、绘画和其他艺术品共超过 3000 件，其中不乏塞尚、毕加索、康定斯基、夏卡尔、米罗、布朗库西等现代艺术大师的作品。

博物馆中不可错过的收藏包括米罗的《耕地》，画中以奇异的动物造型展现童稚的梦幻，让欣赏者能够透过他的思维创意，对于大自然、动物和花草树木拥有另类的思考。而莱热的《都市》将人物画成立体的几何图案，与周围的机器融合在一起，象征失去人性的世界。现代绘画史中极具影响力的康定斯基，其抽象的作品色彩丰富，线条多变，收藏于此的代表作为《几个圆形》。

● 自然史博物馆

🏠 Central Park West at 79th Street, New York 🚇 搭乘 B、C 线地铁在 81 St-Museum of Natural History 站下，出站即达 ☎ 212-769-5100 🌐 www.amnh.org 🕐 10:00—17:45；感恩节和圣诞节公休 💲 一般门票成人 $22、老人和学生 $17、2~12 岁儿童 $12.5；全包式门票（包含玫瑰中心和特展、IMAX 影片或海登天文台太空秀）成人 $27、老人和学生 $22、2~12 岁儿童 $16

　　自然史博物馆位于纽约曼哈顿区中央公园西侧，成立于 1869 年。占地面积约 7 万平方米的美国自然史博物馆是世界上规模最大的自然生态博物馆，更是美国最重要的自然史研究和教育中心。馆内拥有许多来自美国境内和世界各地的大型标本及模型，例如 3 米高的蜥蜴标本、全长近 28 米的杀人鲸大模型等。此外，对人类的起源和各区域的原住民如爱斯基摩人，馆内也都有相关收藏及详细说明，丰富程度可谓全球之冠，每年均吸引上百万名游客到此参观。

　　1 楼主要为海洋生活馆、陨石馆、北美洲哺乳类动物区，其中北美洲森林馆部分，将北美地区的 12 座森林以立体方式呈现，表现得惟妙惟肖。2 楼是非洲人类、非洲哺乳类动物区，3 楼是东部森林地带大草原、爬虫类和两生类馆，4 楼则是高等哺乳类馆、原始哺乳类和脊椎动物区。其中，恐龙馆当然最受大人和小孩欢迎，除了数量令人咂舌之外，更充分利用现代科技，将恐龙化石和骨骼组合起来，重现原形，技术堪称世界一流。此外，馆方还设有一座圆球体状外形的海登天文台，以放映探索太空星象 IMAX 影片为主，夏季还有镭射特别表演活动。

　　整个博物馆内陈列的范围以类别来区分，包括天文学、矿物地质学、人类学、古代动物和现代动物 5 大类，并有大小不同的陈列展览厅共计 38 个。此外，还设有罗斯福纪念厅，以纪念罗斯福总统对自然史博物馆的支持。该厅当作特展会场使用，同时也作为供业余爱好者进行各种科学研究的实验室，以及十多个负责标本采集、研究和出版工作的学科研究部，用心程度可见一斑。离开前别忘了拜访附设商店，里面布满了有趣的商品。

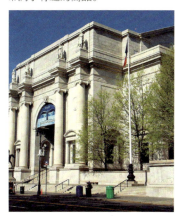

🌀 收获

纽约上东区是著名的博物馆大道，沿途林立着将近 10 座博物馆，其中大都会艺术博物馆是初访纽约者必看的博物馆之一。它号称"西半球最伟大的美术馆"，藏品超过 300 万件，从旧石器时代到现代艺术应有尽有，据估计，即使走马观花地看完一圈，也得至少花上 3 小时的时间。接受了大量的艺术洗礼后，不妨到中央公园晒晒太阳。坐落其中的纽约动物园，是迪斯尼动画《马达加斯加》的灵感来源，小朋友们一定不陌生。午后，继续前往博物馆大道上的古根海姆博物馆和自然史博物馆，后者因为电影《博物馆奇妙夜》再度吸引世人的目光，该博物馆以来自美国境内和世界各地的大型标本及模型著称，包括大人小孩都爱的恐龙化石。

第二天

● 炮台公园

🚇 搭乘1号线地铁在 South Ferry 站下，或 4、5 号线地铁在 Bowling Green 站，或 R、W 线地铁在 Whitehall St 站下 ☎ 212-344-7220 🌐 www.nps.gov/cacl ⏱ 24 小时 💲 免费

一端被金融中心的摩天大楼淹没，另一端则融入碧海蓝天中，加上一派气魄的碉堡，让此地成为摄影师猎镜的最佳景点。环绕着曼哈顿岛南端的炮台公园，因一组 28 座加农炮的古老炮台而闻名，这是英国殖民时代的遗物，不过却都未曾实际参与战役。公园内的主要建筑为克林顿城堡博物馆，曾是 1850—1890 年的移民检查哨，后来因空间不敷使用而移往爱利斯岛。公园内雕塑、纪念碑林立，纪念为国捐躯的英灵们。炮台公园"9·11"纪念花园是由国际知名的荷兰设计师奥道夫设计，圆球体雕塑和鲜花则代表着对罹难者的哀悼和怀念之意。

● 自由岛＆自由女神像

🚌 从炮台公园搭乘 Statue Crulses 渡轮前往 ☎ 自由岛 212-363-3200、Statue Crulses 渡轮 877-9849 📋 渡轮时间及购票 www.statuecrulses.com、国家公园网站 www.nps.gov/stll 🕐 从炮台公园出发的渡轮时间为 8:30—16:30，平均每 15—30 分钟一班，渡轮会先经过自由岛才前往爱丽斯岛，班次依季节不同会有调整 💲 渡轮往返票成人 $17、老人 $14、儿童 $9，4 岁以下免费；含登上自由女神像皇冠观景台门票的回票成人 $20、老人 $17、儿童 $12，4 岁以下免费

自由女神像位于曼哈顿外海的自由岛上，正对着纽约港，多年来已成为美国的象征。这是 1876 年美国建国 100 周年纪念时，法国赠送的生日礼物，历时 10 年才完工。女神雕像高 46 米，加上基座后总高达 93 米，是美国新世界的门户象征。

1884 年，法国把雕像拆开，分装于 214 只木箱中，横越大西洋送抵曼哈顿，重新组装后，1886 年 10 月 28 日，自由女神站在高高的基座上，对着曼哈顿的高楼大厦，右手高举火炬，左手持着一本法典，上面刻着美国独立纪念日——1776 年 7 月 4 日。

● 华尔街

🚇 搭乘 4、5 号线地铁在 Wall St 站下，或搭乘 R 线在 Rector St 站下车

华尔街是曼哈顿金融机构最密集的地区，聚集了顶尖的商业人才、银行家、股市投资分析师，除了是美国的经济重镇，也是决定世界金融走势的中枢。不过这片充满"铜臭味"的区域仍不忘显露文艺的一面，壁画与雕塑随处可见，最著名的是联邦储备银行外墙上仿画家修拉的名画《大碗岛的星期天下午》。

● 南街海港

🏠 12 Fulton Street, New York 🚇 搭乘 2、3、4、5、A、C、J、Z 线地铁在 Fulton St 站下车，后步行约 6 分钟可达 ☎ 917-492-3379 🌐 www.southstseaport.org
🕐 博物馆 11:00—19:00，商店和餐厅视店家而异，视展览而异

倚靠着东河的南街海港原来是繁忙的河港，负责与布鲁克林区的交通往来。在如鬼斧神工设计般的布鲁克林桥完工后，河港历经没落又重生，现在是充满怀旧气氛的休闲徒步区，踏在由碎石子所铺成的路上，格外洋溢着复古温馨的氛围。

涵盖 11 个街区的南街海港，包括在 1967 年修复河滨建筑与码头规划出来的休闲步道区、停泊在 17 号码头的古船、红砖造的仓库平顶屋——谢莫洪排屋，还有飘着鱼腥味的富顿鱼市场，将传统海港的脏乱与腥膻抽离后，呈现出怀旧与浪漫的一面，尤其是天气晴朗的日子，伴随徐徐微风更显惬意。

🔥 美食购物推荐

● 17 号码头

这是南街海港最热闹的地区，码头旁停泊着 3 艘具历史意义的帆船，码头旁有座 3 层楼的购物中心，包括纪念品店与餐厅。

● 布鲁克林大桥

🚇 搭乘 4、5、6 号线地铁在 Brooklyn Bridge City Hall 站下车，或搭乘 J、Z 线在 Chambers St 站下车，后步行约 10 分钟可达

横跨曼哈顿岛与布鲁克林区的布鲁克林桥有许多世界第一的头衔：不但是首座以钢材建造的桥梁，也是全世界最长的吊桥，而高耸的两座哥特式桥塔更是当时西方世界中最高的建筑。

布鲁克林桥的完成不仅是人力技术上的一大突破，同时，也改变了两个城市间的往来关系与速度。在这座跨岛大桥完成前，两地之间仅能依靠富顿街的渡轮穿越东河，这一切都和罗布林一家有关。1852 年的冬天，约翰·罗布林因为河面冰封而无法抵达布鲁克林，于是萌生了兴建这座大桥的念头。但在 1869 年正式开工前，老罗布林就因为脚伤而身故。他的儿子华盛顿·罗布林继续父亲未完成的梦想，却又因为减压病导致半身不遂，最后大桥是在他的指导下，由其妻监督施工而完成的。也因此，布鲁克林桥耗时 13 年才在 1883 年完工。

瑰丽壮阔的大桥在建筑期间曾造成 20 人遇难，死亡的原因多是因为潜入水底的桥墩而罹患减压病。该桥以两座高达 84 米的哥特式桥塔象征连接的两个地区，并以 4 根主钢索串联支撑桥面的吊索。宽敞的桥面分为 3 线道，外侧两边原是马车道，中间为电车道，上层是行人步道。如今行走上方，除了可以欣赏到四周的美景外，下层川流不息的车潮也令人同感震撼。

🌀 收获

环绕着曼哈顿岛南端的炮台公园，曾是 1850—1890 年的移民检查哨，如今成为前往自由岛的渡轮码头所在。自由女神像在 1984 年被列入世界遗产，如今游客可以再度登上自由女神像位于皇冠处的观景台，欣赏曼哈顿的天际线和风光。

搭乘渡轮重回炮台公园后，以步行的方式前往华尔街，这里是纽约的象征之一。这条聚集了顶尖的商业人才、银行家、股市投资分析师的街道，在它与 Nassau Street 交会的对街林立着两栋重要建筑。

昔日负责布鲁克林和曼哈顿之间繁忙河上交通的海港改建而成的休闲徒步区——南街海港，洋溢着复古温馨的氛围，这里还是欣赏布鲁克林桥绝佳的视野。走上这座大桥，并看看一旁的市政厅——融合法国和联邦式风格的建筑，从另一个侧面欣赏纽约。

第三天

● 联合国大楼

🚇 搭乘地铁 4、5、6、7 号线或 S 线至 Grand Central-42 St 站下车，步行约 15 分钟
🏠 42nd St 与 48th St 之间的 1st Ave 上 ☎ 212-963-4475 **导览行程** 🏠 参加导览的
入口处在 46th St 与 1st Ave 路口 ☎ 212-963-8687 🕐 周一至周五 09:30—16:45，
每日 14~18 个梯次，行程约 45 分钟 💰 成人 $18、60 岁以上 $11、5~12 岁儿童 $9（现
场票额有限，建议先在官网上购买，但须另付 $2 手续费）。参加行程须年满 5 岁

占地面积 7 万多平方米的联合国总部，兴建于 1947—1953 年，以法国设计大师柯布西耶的提案为蓝本，经过 10 个国家组成的国际顾问委员会通过，由美国建筑师华莱士·哈里森定案。建筑可分为几个部分：入口处的广场空地上，右手边有卢森堡于 1988 年所赠的礼物，是一个枪口打结的和平之枪，代表反战之意；左手边则是颗黄铜色的大球体，为 1996 年意大利所赠，代表地球人需要团结合作；建筑群由联合国大楼、安全理事会、社会暨经济理事会和 39 层楼高的联合国秘书处大楼组成。

值得一提的是，联合国所在的这片土地，当初是由洛克菲勒捐出 850 万美元买下送给联合国的，他希望能把联合国总部留在纽约以巩固其世界级的重要地位。除了几座重要的大楼，东河滨的人行步道有座美丽的玫瑰园，内有 1400 株来自各会员国的玫瑰。

● 克莱斯勒大楼

🏠 405 Lexington Ave

楼高77层的克莱斯勒大楼落成于1930年，当时以282米的高度（加上天线尖顶为319米），一举攻上世界第一高楼宝座，虽然这头衔只维持了不到一年就被帝国大厦抢走，但其极富装饰主义的外观，让它仍拥有无可取代的地位。在1950年之前，这栋大楼是克莱斯勒公司总部，许多特殊造型都是为了呼应克莱斯勒的汽车而设计，例如31楼四角的翅膀与61楼外墙上的鹰头，就是早期克莱斯勒汽车水箱盖上的装饰；而独树一帜的大楼尖顶，以圆弧形层层相叠，建材用的还是表面呈放射状线条的电镀金属板，令人联想到汽车的车轮钢圈，有向当年欣欣向荣的汽车工业致敬的意味。而这座尖顶上的三角窗到了夜晚还会点亮灯光，在纽约的夜景中让人无法忽视。

● 中央车站

🚇 搭乘地铁 4、5、6、7 号线或 S 线至 Grand Central-42 St 站，出站即达 🏠 89 E. 42nd St ☎ 212-340-2583 🖥 www.grandcentralterminal.com ⏰ 75 分钟导览行程为每日 12:30 出发，成人 $20、老人与儿童 $15。也可于 09:00—18:00 至大厅 GCT Tour 窗口租借语音导览，成人 $9，老人与儿童 $7

中央车站启用于 1913 年，曾是世界最大的公共空间，也见证了美国火车旅行的黄金时代。目前这里虽不是美铁停靠站，但作为大都会北方铁路在曼哈顿的总站与纽约地铁的重要枢纽，庞大的通勤人潮使它仍是美国最忙碌的运输建筑之一。

从 42 街面对中央车站正立面，首先看到的是山墙顶上那面被赫拉克勒斯等希腊诸神所包围的大钟，那是目前世界最大片的蒂芬尼玻璃。走进面积广达 7000 多平方米的中央大厅（Main Concourse），挑高 38 米的天花板上仿佛有满天星星闪烁，这是法国艺术家保罗·以路根据中世纪的星空图所绘制，共计有 2500 颗星星，均以黄金为原料绘成，其中 60 颗主星更以灯泡凸显。当时就有人发现，这些星座的正反方向似乎有误，而车站所给的回应是，这其实是从上帝的视角来看的。

询问处上的四面钟，是纽约人与朋友相约时最常用的指标，他们常说的 "我们在钟下碰面" 指的就是这里。据说曾有拍卖公司估价，这座钟市值 1 千万美元以上，因此是整座车站最贵重的物品。而在车站内最古老的生蚝吧餐厅（Oyster Bar Restaurant）外的拱顶下方，便是著名的回音廊（Whispering Gallery），对着角落的柱子即使轻声细语，远处对角柱子那里也能听得一清二楚。车站的另一个小秘密是，大厅里的时刻表其实比火车实际发车时间早一分钟，这是为那些习惯拖拖拉拉的旅客而设计的。

● 纽约公共图书馆

🚇 搭乘地铁 7 号线至 5 Ave 站，步行约 2 分钟；或地铁 B、D、F、M 线至 42 St-Bryant Park 站，步行约 5 分钟 🏠 5th Ave 与 42nd St 路口 ☎ 917-275-6975 💻 www.nypl.org

纽约公共图书馆于 1911 年完工，建筑本身就是件布杂艺术（Beaux Art）的杰作。图书馆门口有对狮子雕像，分别名为"耐心"和"毅力"。从 42 街的大门进入后，是华丽的白色大理石圆拱大厅——亚斯特厅（Astor Hall），大厅走到底左侧的 DeWitt Wallace 期刊室，墙上有幅理查德·哈斯的壁画，以纪念纽约跨入出版界重镇的新世纪。

图书馆楼上的主阅览室是目前全世界同类型中最大的阅览室，里面的藏书与展览品更令人瞠目结舌，一共收藏有 600 万册书籍、包括杰弗逊《独立宣言》与艾略特《荒原》在内的 1200 万份手稿，以及 280 万幅图画。这里的馆员超过 100 人，还有 1 台计算机化的送书机，可在 10 分钟内将书送达，期刊室中还可阅读到来自全世界 128 个国家的期刊。

● 第五大道

🚇 搭乘地铁 E、M 线至 5 Ave/53 St 站，出站即达；或地铁 B、D、F、M 线至 47-50 Sts-Rockefeller Ctr 站，步行约 4 分钟

世界当红的知名品牌都希望能落脚于第五大道上，尤其希望能在洛克菲勒中心以北至中央公园这段区域抢得一席之地。因此，各式高级品牌和橱窗设计绝对是街道上的最大特色，不论华丽还是极简主张，都引领时尚潮流，共同创造出这里的特别光景。对名牌如数家珍的人，一定要到这条大道逛逛，感受纽约的万千魅力！

在这条街上，约在 46 街和 53 街之间的范围是最热闹的，同时也聚集着众多名牌商店，一家家高级精品橱窗在此争奇斗艳，虽不是人人消费得起，但光是浏览橱窗里的新品，也一样令人心旷神怡。此外，这一带也有Banana Republic、Zara、Gap、H&M 等平价品牌，就算一般游客也能买得不亦乐乎。

● 洛克菲勒中心

搭乘地铁 B、D、F、M 线至 47-50 Sts-Rockefeller Ctr 站，出站即达；或地铁 N、Q、R 线至 49 St 站，步行约 3 分钟；或地铁 1 号线至 50 St 站，步行约 4 分钟；或地铁 6 号线至 51 St 站，步行约 7 分钟 45 Rockefeller Plaza 212-332-6868、1-877-692-7625 www.rockefellercenter.com 洛克菲勒中心导览之旅于每日 10:00 起，每半小时出发一梯（18:00、18:30 除外），票可在官网上或顶楼观景台售票处购买，每人 $20

　　洛克菲勒中心无疑是 20 世纪伟大的都市计划之一，20 世纪 20 年代，金融巨子小洛克菲勒无视当时经济的萧条，提出了这个巨大建筑计划构想。他希望在有限空间里，创造出足够的办公空间，以维持巨大建筑的营运，因此最后定案是以中央 70 层高的大楼为中心，四周环绕着 13 座较为低矮的高楼，才能使中央高楼和底部楼层得到足够采光。虽然计划在不被大部分人看好的状况下于 1930 年展开，9 年后还是完成了这项艰巨的工程。

　　除了傲人高度外，经扩建后的洛克菲勒建筑群共达 19 栋建筑，所围出的活动区域以及对公共空间的运用，也开启了城市规划的新风貌。其完整的商场与办公大楼，让中城继华尔街之后，成为纽约第二个商业区。相对于华尔街以金融企业为号召，洛克菲勒中心则以文化企业挂帅，这里有 NBC 新闻网总部，美国主要的出版集团时代华纳、麦克劳·希尔、西蒙 & 舒尔特，以及世界最大的新闻中心——美联社（The Associated Press）等，因此文化气息浓厚，文艺表演也接连不断。

　　严格说来，洛克菲勒中心的区域涵盖第五大道至第六大道，介于 48 街与 51 街之间，占地面积近 9 万平方米。区内包括餐厅、办公大楼、服饰精品店、银行、邮局、书店等，并

以地下通道贯穿连接，而这些通道还能通往地铁站。建筑师聪明地利用大楼间的广场、空地与楼梯，制造人群流动的方向，让一天超过 25 万的人潮在此穿梭无碍。

● 帝国大厦观景台

搭乘地铁 B、D、F、M、N、Q、R 线至 34 St-Herald Sq 站，或地铁 6 号线至 33 St 站，步行约 5 分钟　350 5th Ave　212-736-3100　每日 08:00—02:00（最后一班上楼电梯为 01:15）只前往 86 楼主观景台，成人 \$32、62 岁以上老人 \$29、6~12 岁儿童 \$26。若还要前往 102 楼顶层观景台，每张票多收 \$20。不想排长队，也可购买快速通行票，只前往主观景台每人 \$65，前往顶楼观景台每人 \$85　www.esbnyc.com

时至今日，帝国大厦仍是最能代表纽约的摩天大楼，毕竟无论在建筑技术、市民情感还是流行文化上，它都拥有无可取代的地位。

这栋高楼建成于 1931 年，出资者为企业家约翰·J. 拉斯科布。最初的计划并没有打算将楼盖得如此之高，但因邻近的克莱斯勒大楼当时已接近完工，而拉斯科布又曾担任通用汽车高阶主管，抱着不能输的心理，他下令总工程师兰伯在高度上一定要超越克莱斯勒。兰伯事后回忆，这样的工程是在太平时代最接近战争的表现，因为他必须坐镇指挥数千名工人，每个环节都要经过缜密计划与沙盘推演。工程的庞大规模为经济大萧条时代提供了不少工作机会，而这群

"空中小子"也留下许多珍贵影像，记录了纽约的城市建设。惊人的是，这栋 381 米高的巨物，竟只花了短短 11 个月便完工，并立刻将克莱斯勒大楼从还没坐热的世界最高宝座上拉下，独享这个荣耀长达 41 年之久，直到 1972 年才被世贸双子星超越。目前帝国大厦仍是纽约第 3、世界第 22 高的建筑。

帝国大厦的外观以线性带的窗饰将人们目光聚焦于高处，高楼层则采用巴比伦高塔的内缩式设计，并使用大量装饰艺术。大厅天花板上绘有金碧辉煌的齿轮与星辰图案，这是为了向机械时代致敬。当初历史学者与建筑学家为了修复这面壁画，一共花了整整两年，比兴建大楼的时间还长。

要登顶赏景，游客得先搭乘电梯前往 80 楼，再换电梯至 86 楼与 102 楼的观景台，如此设计是因为 80 楼已经是 1931 年电梯技术的极限了。虽然帝国大厦已非纽约最高观景台，但其位居中城心脏的地理位置，比世贸一号大楼拥有更好的视野，无论哪个方向的市容都能一览无余，加上街道棋盘格的设计，让人产生位处世界中心的错觉。曹操《度关山》中有句"车辙马迹，经纬四极"，大概就是像这样的画面吧！

而作为著名地标，这栋高楼参与过不下百次的电影拍摄，像是《金玉盟》《西雅图夜未眠》等，正是以这里为关键场景；《金刚》最著名的一幕即穷途末路的金刚带着女主角爬上大厦尖塔。甚至还有一部电影是由帝国大厦担任主角：安迪·沃霍尔 1964 年的《帝国》，以一镜到底的长镜头拍摄了帝国大厦 8 小时的变化，堪称经典。

🌀 收获

纽约曼哈顿的中城区是全世界高楼大厦密度最高的区域，纽约能拥有名震天下的百万夜景，中城区功不可没。除了帝国大厦与洛克菲勒中心的康卡斯特大楼外，其他有名的高楼还包括克莱斯勒大楼、川普大楼、西格拉姆大楼、每日新闻大楼、纽约时报大厦等。

由于中城区是曼哈顿棋盘格局最完整的区域，井然有序的笔直街道让这里每年有 2 天日出时（约 12 月初与次年 1 月初），初升的太阳会从东边大楼的街隙中升起，也会有 2 天黄昏时（约 5 月底与 7 月中），夕阳会从西边大楼的街隙中落下，这壮观奇异的现象，与英国巨石阵相似，因而被称为"曼哈顿悬日"（Manhattanhenge）。到纽约当然要将中城区行程排入，看看这个影响全球的世界都市是如何运作的，以及汇聚人类科技造就的景象又是如何的壮观。

第四天

● 百老汇

🚇 搭乘地铁 N、Q、R、S、1、2、3、7 号线至 Times Sq-42 St 站，或地铁 A、C、E 线至 42 St-Port Authority Bus Terminal 站 ☎ 212-541-8457、1-800-27623929
🕐 通常每日夜场为 19:00 或 20:00 开演；一星期中会有 2~3 场日场，于 14:00 或 15:00 开演。详细时刻请上百老汇或各剧官网查询 🌐 www.broadway.com、www.offbroadway.com

对观光客来说，百老汇是纽约之旅的必访之地，而对舞台剧团而言，能站上百老汇的舞台更是这一行的无上荣耀。即使成功在百老汇登台演出，能否站稳脚跟还得通过票房及剧评人的挑剔等种种考验，即使观众与剧评人都很赏脸，还得看他们的喜爱能维持多久，一旦票房下滑，就连《猫》与《妈妈咪呀》这样脍炙人口的剧目都得离开，反正永远都有新戏等着要崭露头角。在 2014 年的电影《鸟人》中，便可看到百老汇的竞争与现实。

如果怕自己英文不够好，担心无法理解台词，建议可以观看音乐歌舞成分较多或是故事早已耳熟能详的剧目，像是《歌剧魅影》（The Phantom of the Opera，在 Majestic 剧院）、《芝加哥》（Chicago，在 Ambassador 剧院）、《狮子王》（The Lion King，在 Minskoff 剧院）、《邪恶坏女巫》（Wicked，在 Gershwin 剧院）、《悲惨世界》（Les Miserables，在 Imperial 剧院）、《阿拉丁》（Aladdin，在 New Amsterdam 剧院）等，都是经久不衰的经典。

除了大众的流行口味，百老汇也有许多剧院上演更具创意与艺术性的剧目，称为"外百老汇"（Off-Broadway）。外百老汇的剧场通常较小，票价也比较便宜，虽然较为小众，但常能激发观众的思考。而比外百老汇更前卫另类的，称"外外百老汇"（Off-Off-Broadway），上演着超脱一般戏剧架构的实验剧。

● 时报广场

🚇 搭乘地铁 N、Q、R、S 线或 1、2、3、7 号线至 Times Sq-42 St 站，出站即达

🌐 www.timessquarenyc.org

夜晚时分，还未接近时报广场，大楼缝隙间闪闪发亮、不断变幻色彩的强光，已向你招呼着它的方向。这大概是全世界光害最严重的地方吧。

这块由百老汇大道和第七大道交错形成的畸零地，因为《纽约时报》（*New York Times*）于 1905 年进驻而得名。这里最初是马商、铁匠和马厩的集散地，自 1883 年大都会歌剧院迁入后，带动了剧院与餐厅业的蓬勃发展，1920 年电影艺术的崛起更为此地带来一片繁荣。然而到了经济大萧条时期，纽约经济陷入低迷，时报广场也成为鱼龙混杂的红灯区，即使战后经济复苏，这里仍不改灯红酒绿，色情行业与帮派暴力充斥。直至 20 世纪八九十年代，在市长朱利安尼大加整饬下，时报广场才成为安全的观光胜地。

如今，广场上不分平日假日，徒步区内每天都挤满水泄不通的人潮；四周建筑墙面上的大型 LED 广告牌几乎没有任何空隙，蒙太奇似的强力放送各种流行消费符号。尤其是 43 街上的时报广场一座（One Times Square）与 47 街上的时报广场二座（Two Times Square）两栋大楼，占据广场南北两端得天独厚的位置，从顶楼就开始架设屏幕，丝毫不浪费一寸空间。而广场上也穿梭着不少扮成卡通人物的街头艺人，积极寻找观光客合照以赚取小费，不论是迪斯尼还是漫威人物，从他们的装扮皆可看出当红的角色趋势。简而言之，时报广场成就了美国的流行文化，也是美国流行文化的缩影，来到这里，除了眼花缭乱，还是眼花缭乱。

最后一定要提的是时报广场的跨年传统，新年前夜纽约人来此等待倒计时，除了会放烟火，时报广场一座大楼楼顶还会悬挂一颗大彩球，随着倒计时缓缓下降，零时一到迸出无数彩带。

● 梅西百货

搭乘地铁 B、D、F、M、N、Q、R 线至 34 St-Herald Sq 站，出站即达 151 W. 34th St ☎ 212-695-4400 周一至周五 09:30—22:00，周六 10:00—22:00，周日 11:00—21:00 www.macys.com

创立于 1858 年的梅西百货，如今在全美已有近 800 处据点，最初就是从纽约起家的。这间位于先驱广场（Herald Square）的旗舰店开业于 1902 年，过去很长一段时间里都以世界最大的百货公司著称。其男女服饰分别位于两栋楼，以 1 楼的穿堂相连接。除了设计师服饰品牌外，也销售不少生活用品，价位中等，外国游客还能在游客中心索取 9 折优惠卡。就算没有购物需求，也不妨到此欣赏美丽的橱窗和著名的木制古董电梯。此外，梅西百货每年在感恩节所举办的大游行也十分有名，如果正好赶上，一定得去见识一下。

🌸 收获

　　有人说，错过了中城区，等于错过了二分之一的纽约，此话一点都不夸张。五光十色的时报广场、作为全球舞台歌舞剧指标的百老汇、摩天大楼的先驱者帝国大厦、堪称最伟大都市计划的洛克菲勒中心、摩登游人如织的第五大道等，全都集中于此。

　　中城区的行程进入第二天，一定要到百老汇剧院区看看，几乎每条街道上都布满了各个剧目的广告牌，其中有不少是历久弥新的经典。沿着百老汇大道南行，你会发现自己逐渐被 LED 电子广告牌的声光淹没，这里就是最能代表纽约特色的时报广场。折而向东穿过布莱恩公园，再往南走就是帝国大厦，全世界第一家梅西百货就离帝国大厦不远，尽管已经过了一世纪，这间百货的气派依旧令许多后起者望尘莫及。

🐾 纽约吃住行

📷 吃

● Pomodoro Ristorante Pizza 意式料理 & 比萨

这家店以 Vodka Pizza 闻名，所谓的 Vodka 酱汁是以番茄酱汁为底，加入 Vodka Wine 和其他香料。

🏠 51 Spring Street, New York
☎ 212-966-9229

● Bleecker Street Pizza 比萨专卖店

这里的比萨源自托斯卡纳的薄皮比萨，是由现任老板的奶奶诺娜·玛利亚（Nonna Maria）从意大利带来的家传做法。

🏠 69 7th Avenue South, New York
☎ 212-924-4466

● La Mela Ristorante 意大利餐厅

店门口有着绿色波浪形遮雨篷，经常高朋满座，是很多想要大啖意式美食的游客的寻觅目标。

🏠 167 Mulberry St, New York
☎ 212-431-9493

● Daniel 法式餐厅

1993 年在纽约上东区创立的 Daniel 法式餐厅，在 2010—2013 年连续摘下米其林三星，并于 2011 年获得《富比士》杂志最高荣誉的五星推荐。

🏠 60 East 65th St, New York
☎ 212-288-0033

● Hampton Chutney 印度卷饼餐厅

这家印度餐厅曾多次被《美食与美酒》（Food & Wine）等著名杂志选为最佳午餐。

🏠 68 Prince Street, New York
☎ 212-226-9996

● Soba-Ya 荞麦面店

这家荞麦面专卖店所有的面条都是由师傅当场制作，荞麦面有冷、热两种，冷面以"鲑鱼荞麦面"最得食客欢心。

🏠 229 East 9th Street, New York
☎ 212-533-6966

● Cafe Gitane 法式 & 摩洛哥餐厅

这家不起眼的小餐厅却是纽约客大力推荐的去处，用餐时间经常大排长龙。

🏠 242 Mott Street, New York
☎ 212-334-9552

● Cafe Habana 古巴 & 墨西哥餐厅

大部分人都是来吃墨西哥烤玉米的！

🏠 17 Prince Street，New York
☎ 212-625-2001

🛏 住

● 纽约千禧百老汇酒店

Millennium Broadway Hotel New York

纽约千禧百老汇酒店位于时报广场旁，饭店的宴会场过去为全纽约第一座配备电力设备的剧院，至今仍可见当年装饰。

🏠 145 West 44th Street, New York

☎ 212-768-4400

● 纽约联合国 1 号酒店

ONE UN New York

从 1976 年营业至今，因为独特的地理位置和绝佳的服务与设施，使得该酒店一直都是各国政要前往纽约参访时的下榻首选。

🏠 One United Nations Plaza, New York

☎ 212-758-1234

● 埃弗如宾馆

Efuru Guest House

这家位于 Harlem 的民宿距离中央公园不到 1 千米。

🏠 106 West 120th Street，New York

● 切尔西松林旅馆

Chelsea Pines Inn

Chelsea Pines Inn 旅馆是一家位于切尔西和肉库区的独特住宿加早餐旅馆，距离文顿公园有 5 分钟步行路程。

🏠 317 West 14th Street, Chelsea, New York

● 运河公园住宿加早餐旅馆

The Canal Park Inn

The Canal Park Inn 住宿加早餐旅馆提供位于纽约的住宿，并于各处提供免费 Wi-Fi。

🏠 508 Canal Street, Tribeca, New York

🚕 行

● 地铁

纽约地铁是在市区最便捷的交通方式，24 小时营运，全年无休。总共有超过 400 个车站，包括 25 个免费转运点，共有 1 ~ 7，及 New York A ~ G、J、L ~ N、Q ~ S、Z 以及 SIR 等 23 条路线；大多数的地铁站入口处会有红色或绿色灯球标识，"绿色"表示会有 24 小时的售票亭，"红色"则表示会限制进入的时段。

值得注意的是，搭乘地铁应尽可能避免高峰时段，像是 07:30—09:30 或是 17:00—18:30。另外，在夜间 23:00 到次日凌晨 07:00 间搭乘地铁，

特别是过了东 96 街、西 120 街，以及曼哈顿以外的郊区，危险性也相对增高。另外，42 街附近几个拥挤的车站，由于人潮汹涌要特别注意防范扒手；比较荒凉、人烟稀少的车站则要小心暴力犯罪。

车种

区分为"Express"（快车）和"Local"（慢车）两种车，快车全日营运，只停大站，有的地铁站则只停靠慢车而不停快车，慢车每站都停。上车后若有广播要注意收听，因为有时候班车会互相调度，中途两车种会有互换的情形，尤其是在进出曼哈顿

地区时最常见。

车票与储值

除了在售票亭购票外，纽约所有地铁站入口几乎都设有自动售票机，可选择多种操作语言，部分还提供中文服务，售票机分为接受现金和信用卡两种。

在纽约搭乘地铁，无论坐到哪一站车费都一样，单程票每张＄2.75，如果经常需要搭乘地铁，不妨花＄1购买 Metro Card 储值磁卡（Pay-Per-Ride Metro Card）并储值金额，之后搭乘地铁每趟只要＄2.5，另外只要每次储值超过＄5，还可享5%的回馈，也就是说如果储值＄20，实际上可以获得＄21的额度，该储值卡可多人共享。

如果每天平均搭乘3趟地铁，同时会在纽约待超过一周以上，也可以花＄30购买一张周票（Unlimited Rides 7-Day），不过为了避免多人

共享一票的状况，同张票卡18分钟内不得重复刷卡，因此进站前要注意列车的行驶方向，因为部分车站里的双向站台并不互通，必须到马路对面才能进对向站台，如果遇上这种状况，很可能造成出站后在18分钟内无法再进站的困境，这种状况在上城的红线和绿线最常遇到。除周票外，另有要价＄112的月票。

大都会运输管理机构（Metropolitan Transportation Authority，MTA）
🌐 new.mta.info

● 纽约观光巴士

想要快速认识纽约，可自由上下车的观光巴士是不错的选择。

City Sights NY

该巴士公司提供的观光巴士行程五花八门，其中最基本的自由上下车巴士路线包括曼哈顿的"下城之旅"（Downtown Tour）和"上城之旅"（Uptown Tour），以及"布鲁克林之旅"（Brooklyn Tour），票券有效期均为1日，费用均为成人＄44、儿童＄34，上网订票可享减免＄4～5优惠。巴士行驶于 8:00—18:00，下城之旅行经时报广场、帝国大厦、联合广场、格林威治村、苏活区、中国城、小意大利、新世贸中心、炮台公园、南街海港、下东区、东村、联合国、洛克菲勒中心；上城之旅行经时报广场、哥伦布圆环、林肯中心、中央公园、美国自然史博物馆、古根海姆博物馆、大都会艺术博物馆、弗利克博

物馆，以及哈林区的圣约翰天主堂和阿波罗剧场等；至于布鲁克林之旅则行经布鲁克林桥、布鲁克林植物园、布鲁克林博物馆、展望公园等。这三趟行程均提供 11 种语言的语音导览，其中包括中文。

City Sights NY

🏠 234 West 4 2nd Street (Lobby of Madame Tussauds), New York

☎ 212-812-2700

🌐 www.citysightsny.com

Gray Line Double Decker Bus Tours

有别于 City Sights NY 的蓝色双层巴士，Gray Line 的自由上下车巴士为红色，其车票有效期分为 2 天或 3 天，费用各为成人 2 天 $59、3 天 $69，儿童 2 天 $49、3 天 $59，上网订票可享减免 $5 优惠。在票券有效期限内可任意搭乘 Gray Line 旗下经营的"下城路线"（Downtown Loop Plus）、"上城路线"（Uptown Loop Plus）、"布鲁克林路线"（Brooklyn Loop Plus）、"布朗克斯路线"（Bronx Loop Plus）、"夜间行程"（Night Tour），前三条路线类似 City Sights NY，至于布朗克

斯路线则前往洋基球场以及此区的文艺景点，其中夜间行程无法随意上下车，在大约 2 小时的车程中将前往帝国大厦、格林威治村、苏活区、洛克菲勒中心和曼哈顿大桥等，详情请上官网查询。

Gray Line

🏠 777 8th Avenue, New York

🌐 www.newyorksightseeing.com

❗ 另外在中央车站和中城巴士总站也都设有游客服务中心

❂ **小贴士**

纽约市通行证 New York City PASS

纽约知名景点很多，但是门票却不便宜，如果想节省一些门票开支，不妨买本在许多城市推行且颇受好评的通行证（City PASS），其纽约市通行证包括帝国大厦观景台、自然史博物馆、大都会艺术博物馆、现代美术馆、古根海姆博物馆或洛克菲勒中心顶层观景台、自由岛和爱利斯岛渡轮或循环线海湾游船共 6 处主要景点入场券，参观有效期长达 9 天，非常适合初次前往纽约且希望慢慢逛这个城市的游客。有效期从第一次使用开始计算，只需将这本通行证带往上述景点的快速服务柜台，让服务人员为你撕下相关票券换取门票即可参观。该通行证成人 $106、儿童 $79，可在各大景点或官网购买。

🌐 www.citypass.com/new-york

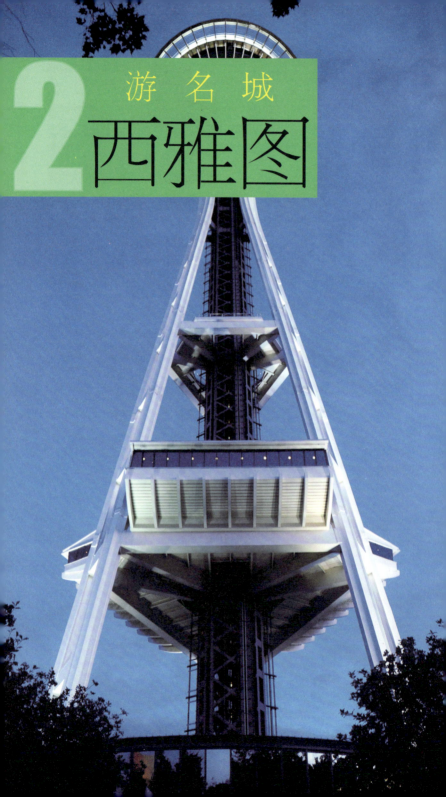

游 名 城

2 西雅图

🌿 西雅图概况

西雅图数度获选为"全美最适宜居住的城市"，它紧临艾略特湾、北有联合湖、东临华盛顿湖，是个飘着浓浓的咖啡香，市场里有着灿烂鲜花、肥美海鲜的优雅城市，同时也是高科技的代名词，软件公司微软就是在西雅图建立起王国，航空工业的波音大厂也在此设厂，连国际快递 UPS 都是从这里发迹的。

千万不要放过一尝码头边上的海鲜大餐的机会，此处盛产龙虾、生蚝、长毛蟹，有最美味的海鲜奶油浓汤（Clam Chowder）。还有，每天喝上至少四杯咖啡，绝对可以为这趟西雅图之旅加分，记得多试试不同的咖啡馆。

👍 线路推荐

第一天： 拓荒者广场—地下城之旅—航空博物馆
第二天： 帕克市场—西雅图水族馆—57 号码头—阿格西游船
第三天： 流行文化博物馆—太平洋科学中心—奇胡里玻璃花园—太空针塔
第四天： 华盛顿州立大学—佛瑞蒙区—齐坦登水闸门

第一天

● 拓荒者广场

🚇 搭乘运输隧道系统至 Pioneer Square 站，从 James St 上的出口出站，出站后沿 James St 往下坡走约 170 米，公园在右手边 🏠 Yesler Way 和 1st Ave 的路口

🌐 www.pioneersquare.org

1851 年，梅纳德医生和其他几位拓荒者来到普捷湾旁的这块土地上，并在今日的拓荒者广场建立起产业，这便是西雅图建埠的开始。广场公园里的铜像主角是西雅图酋长，他是当地苏魁米什族（Suquamish）的领袖，他与梅纳德之间的友谊是日后西雅图建城的关键，而这座新的城市也在梅纳德的建议下，以酋长的名字命名。酋长最为人所熟知的，应该还是那篇强调人与自然和谐共存的《西雅图酋长宣言》，"你们怎么能够买卖天空，买卖大地？"虽然宣言的内容是否为后人杜撰尚有许多疑问，但作为一篇出色的文本，今日读来还是很令人动容。

广场上的图腾也有一段有趣的故事。1890 年，一支探险队从阿拉斯加的特林吉部落（Tlingit）偷出这根图腾，并安置在拓荒者广场上，但图腾却在 1938 年被人纵火烧毁。市政府于是寄了一张 5000 美元的支票给特林吉部落，请他们再雕刻一根，没想到特林吉部落在兑现支票时加注了一句：感谢你们终于付了第一根图腾的钱，然而，新的图腾也值另外 5000 美元。市政府当局只好再行筹款，而新图腾便是我们现在所看到的这根。

●地下城之旅

在拓荒者广场上 608 1st Ave, Seattle, WA 98104 206-682-4646

在西雅图地下城里，没有会喷火的龙和妖魔鬼怪，有的是一段有点匪夷所思的历史。话说西雅图建城的最初35年其实是出荒唐的闹剧：官员贪污腐败，私娼取代伐木业成为第一大产业；街上到处是大泥坑，甚至曾有位男孩在大街上溺毙。不过最困扰当地居民的，竟然是抽水马桶的问题！原来西雅图旧城是填海而成，地势低洼，每日涨潮时分，人们家里的马桶便会喷出恶心的脏水。

正所谓危机就是转机，1889年的西雅图大火把整座城市付之一炬，也顺带烧掉了种种荒谬情节。新城市最重要的规划就是解决下水道的问题，最好的办法是将低地填高，形成较缓的坡地，但这样的大工程需要多年时间完成，商人们可等不了那么久。于是他们事先在新建筑上开两个门，较单调的大门位于1楼，而2楼预留的大门则雕有维多利亚式的装饰，等到地势填高，二楼门外也筑起了街道，新的下水道及水管设在护墙之中，因而形成落差一层楼高的新旧两条道路。开始时人们要过到马路对面得上上下下地爬梯子，然而酒醉坠落的意外时有所闻，下层街道也无法通行马车，政府最后终于在旧路顶上加盖，将2楼的路面连接起来，地下城的格局于焉成形。

原本上下两层街道都有店面，但久了以后，正常的产业慢慢都移到了地面上，地下则留给赌馆等和无家可归的游民。目前地下城已完全废弃，但经营这套行程的业者保留了一小部分，让游客得以认识这段历史。

● 航空博物馆

🚗 从市中心开车，走 I-5 S，于出口 158 下交流道，匝道靠右侧（往 E Marginal Way），下交流道后开 400 多米，右转进 E Marginal Way，约 1 千米后，主停车场入口位于右手边，停车免费。若搭乘公交车，在市中心的 3rd Ave 上搭乘往 Tukwila 的 124 号公交车，至 E Marginal Way / 94th Pl 路口下车即达 🏠 9404 E. Marginal Way S, Seattle, WA 98108 ☎ 206-764-5720 🕐 每日 10:00—17:00（每月第 1 个周四至 21:00）💲 成人＄19、5~17 岁＄11、65 岁以上老人＄16 特色：每月第 1 个周四 17:00 后免费 🌐 www.museumofflight.org

　　西雅图既然是飞机大厂波音公司的发祥地，其航空博物馆也是全球同类型博物馆中的顶尖翘楚。航天迷们来到这里一定乐不思蜀，巴不得在此宿营几天几夜。所有航空发展史上的传奇与动力科学的里程碑，都在这里与游客零距离接触，那种感觉就好像篮球迷遇到整队梦幻一队，还和他们勾肩搭背一样。

　　这里的展示从莱特兄弟的设计草图开始，一直到外层空间的无穷探索，表现出人类对飞行的种种渴望。这当中也有些非常有趣的尝试，比如在个人汽车尾端装上机翼的飞天车（Aerocar），还有直接背在身上像火箭人一样的喷射推进器等。而在琳琅满目的数百架飞行器中，一定要看的重点包括：黑鸟式侦察机（M-21 Blackbird，这可是航速超过 3 马赫的传奇神物）、世界第一架战斗机 Caproni Ca.20、第二次世界大战时曾来华助战的飞虎队战机等。博物馆外小停机坪的展示更为精彩，包括曾搭载过艾森豪威尔、

肯尼迪等人的总统专机空军一号（Air Force One）、世界第一架波音747原型机，以及曾经以超音速客机名震天下的协和式客机（Concorde）等，其中空军一号与协和式客机还开放让游客登机参观。

另一个参观重点是红色谷仓（Red Barn），这一栋红色建筑便是波音工厂的诞生地，里面展示早期的生产机具，供人了解当年是如何用纯手工打造出木制的飞行器。此外，博物馆内还有许多模拟机可以体验，像是模拟空战场景的模拟驾驶舱、NASA用来训练航天员的无重力状态模拟等，虽然需要另外收费，但机会难得，值得排队等待。

收获

　　走在这个被视为西雅图发源地的拓荒者广场，有点年纪的书店、咖啡馆和现代化的高楼并立，加上艺廊、古董店和异国情调的餐厅，营造出独特的知性氛围，不妨随意逛逛拓荒者公园以及行人步道区，细细品味属于古典和怀旧的西雅图。西雅图也是高科技工业的聚集地，美国最大的民航机公司就位于西雅图附近。相信每个人都曾怀有一个飞行梦，因此不管是喜欢飞机还是想知道更多有关航空方面的知识，航空博物馆都是能通往梦想的地方。

第二天

帕克市场

搭乘运输隧道系统至 University Street 站，沿 University St 往码头的方向走两个路口，右转进入 1st Ave 再走两个路口，市场招牌即在左手边（约480米）。若开车前往，停车场位于 1531 Western Ave，停车费每小时 $3，4 小时以上 $20（早上 09:30 前停入，享早鸟价全日 $8）主大楼的正门位于 Pike St 与 1st Ave 路口 ☎ 206-682-7453 www.pikeplacemarket.org

帕克市场创立于 1907 年，当时西雅图农民为了避免中间商剥削，将自己种植的新鲜蔬果运送到这里出售，这里便成为美国最古老的农贸市场。而后，部分农民将摊子租给渔民，于是开始有了螃蟹、鱼虾等海鲜摊贩；再之后，又开始有小吃店和艺术品商店进驻，久而久之，摊贩种类慢慢多了起来，市场规模也越变越大。1970 年，帕克市场因为老旧脏乱，成为市容污点，市政当局决定加以拆除，但因为这座市场历史悠久，当地居民发起运动强力保留，后来经由投票表决，才决定将市场重新改建。今日的帕克市场虽还保有传统市场功能，但是观光成分有逐年看涨的趋势，走在市场里面，可能有超过一半的人群是来自外地的游客。

市场由许多栋大楼组成，在"Pike Place Market"招牌后方的，是市场的主大楼，这一栋是主要传统市集所在，所有的鲜鱼、螃蟹、蔬果类商品，都在这里贩卖。喜欢逛艺术品商店的人也可以走到这栋商场的尽头，那里有许多贩卖手工艺品、自制果酱、手染洋装以及一些小首饰的摊子。而在市场招牌下方，有只漆成金色的小猪，它的名字是瑞秋，这是当初市场基金会筹募整修经费时留下的吉祥物。当然，它背上的投币孔仍旧欢迎

游客捐献，因为这座市场还是需要努力维护，才能保持动人的面貌。

面向主大楼正门左手边的是经济楼（Economy Building），里面有很多纪念品店，想要买有代表性的T恤，或是回国馈赠亲友的伴手礼，都可以到这里来。经济楼对面则是角落市场楼（Corner Market Building），里面的商家以高级饰品及餐厅为主。

●飞鱼秀

🏠 主大楼正门进去第一家的 Pike Place Fish Market ☎ 800-542-7732 🕐 每日 06:30—18:30 🌐 www.pikeplacefish.com

从小，长辈就教导我们不准玩食物，但在帕克市场，人们水泄不通挤着围观的，就是鱼贩们玩食物的现场。数十年来，飞鱼秀已成了帕克市场的活招牌，最初只是员工们的嬉戏胡闹，没想到大受顾客欢迎，成为鱼市场里的传统。当客人买鱼时，前面的鱼贩会大声吆喝鱼的名称数量，后面的鱼贩立刻齐声

应和，接着便把那尾鱼像橄榄球一样抛来抛去，有时甚至十多千克的大鱼也会在摊贩上方飞来飞去，令旁观的民众大呼过瘾。若是等着看的人太多而出价买的人太少，为了保持热络气氛，鱼贩便会从人群中找出自愿者，上前尝试与他们一同抛接，其他人则把握这个机会，拿出相机希望能捕捉一些空中飞鱼的画面，假使他们的快门够快的话。

●口香糖之墙 Gum Wall

🏠 在靠近主大楼入口的 Post Alley 上

口香糖之墙的背后是市场剧院（Market Theatre），大约在20世纪90年代初叶，即兴表演剧团在西雅图大为盛行，几位观众看完戏后不知受到什么启发，随手把嚼过的口香糖粘在墙上，里头还包着一枚硬币。其他人看到后群起效尤，开始时剧院人员还会试图清理，久了也就慢慢放弃。20多年来总有人不断把新的口香糖往墙上粘，终于密密麻麻粘满一整面墙，五颜六色绮丽缤纷的，也算得上一幅后现代画作，由不具名的众人所完成，堪称全世界最奇特的景点之一。

● 西雅图水族馆

🚌 从 57 号码头沿港边往北走约 150 米即达 🏠 1483 Alaskan Way, Pier 59, Seattle, WA 98101 ☎ 206-386-4300 🌐 www.seattleaquarium.org ❗ 可购买与阿格西游港船的联票

　　西雅图水族馆最特别的地方在于它有一个海面下的球状玻璃帷幕，可以直接观看艾略特海湾里面的生态。同时，这里还有一处专供鲑鱼洄游的鱼梯，每年秋天都可以看到鲑鱼洄游的景象。水族馆另一个特色的地方，就是他们研发出了人工养殖海獭的技术，你可以在户外水池区观看它们享受日光浴的慵懒姿态，也能够在水底玻璃圆幕旁欣赏它们海面下的泳姿。而最让小朋友兴奋的，当然还是每日固定的喂食及潜水秀，当工作人员带着食物接近时，可是这些海洋生物一天中最有活力的时刻。此外，馆内还有触摸池，可让游客亲手碰触海星、海葵、海胆等海中生物。

● 57 号码头

🚇 搭乘运输隧道系统至 University Street 站，沿 University St 往码头的方向走到底即达（途中会经过一段阶梯） 西雅图摩天轮 Seattle Great Wheel 🏠 1301 Alaskan Way, Seattle, WA 98101 ☎ 206-623-8600 🕐 夏季：10:00—23:00（周五、周六至 24:00）。冬季：周一至周四 11:00—22:00，周五 11:00—24:00，周六 10:00—24:00，周日 10:00—22:00 💲 成人 $13、4~11 岁儿童 $8.5、65 岁以上老人 $11 🌐 www.seattlegreatwheel.com

市中心沿着艾略特湾（Elliott Bay）的码头区，不但是渡轮游船靠岸的地方，也是热闹的观光景点。在港滨步道 Alaskan Way 旁，聚集了无数本地有名的海鲜餐厅、纪念品店与艺廊，加上各式各样的游乐设施，真的是逛也逛不完。观光活动最集中的区域，大致是在 52 号码头到 59 号码头这一段，其中的 57 号码头更是话题十足。这里过去原本就是满载欢乐的 Bay Pavilion，长长的码头栈桥上有间巨大的室内游乐场及商场，好吃、好玩、好买齐聚一堂，是人气最高的观光码头。2012 年夏天，码头主人更砸下重本，在栈桥底端兴建了一座他梦寐以求的观景摩天轮。西雅图摩天轮高达 53.3 米，是美国西岸最高的一座，共有 42 个封闭式车厢，每个车厢可乘坐 8 人。每次搭乘可旋转 3 圈，时间依人潮多寡而定，夏季 12~20 分钟，冬天 10~15 分钟。在摩天轮内可欣赏海湾与市区的美丽景致，开放以来每天都吸引大批游客，已成为西雅图的新地标。

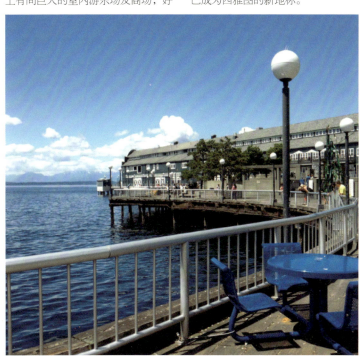

● 阿格西游船

从 57 号码头沿港边往南走约 100 米即达售票处 🏠 1101 Alaskan Way, Pier 55, Seattle, WA 98101 ☎ 206-623-1445 🌐 www.argosycruises.com

搭乘游船是最适合游览西雅图水上风光的观光方式，经营已超过 60 个年头的阿格西游船公司，提供多条巡航行程。其中最经典的行程是港湾巡游（Harbor Tour），游船在艾略特湾内绕行一圈，可从湾上欣赏由太空针塔、西雅图摩天轮与市区高楼大厦群所架构成的城市天际线，远处的雷尼尔山与奥林匹克山脊也依稀可见。由于这条路线非常热门，若在旺季前往，建议事先上网预约。

闸门巡游（Locks Cruise Tour）是较具深度的行程，会先沿着艾略特湾来到齐坦登水闸门，水闸调节水位的运作道理，大概没有其他方式会

比亲身从运河上体验来得更深刻了。穿过闸门之后，游船顺着运河进入联合湖，这时你可以观赏到建在湖边的船屋，这些房子曾出现在《西雅图夜未眠》电影中，外形雅致且栋栋都有千万身价。接着从联合湖码头上岸，换乘观光巴士回到 56 号码头。

另外还有一条双湖巡游（Lakes Cruise Tour）路线，从联合湖出发后，会到华盛顿湖中绕行一圈返回，可欣赏湖岸两侧包括比尔·盖茨家在内的豪宅区。除了基本行程外，阿格西也推出不少晚餐巡游（Dinning Cruises）路线，在浪漫的夜色中享用以海鲜为主的套餐，船上还有现场演唱为游客助兴。

收获

　　到市中心欣赏西雅图最美的建筑，逛商品最丰富的帕克市场，市场内新奇的招牌飞鱼秀以及就在帕克市场附近的口香糖之墙，都是不可错过的西雅图著名景点。接着来到和市中心仅隔一条高速公路的海岸码头区，海岸码头区有二十几个码头，从48号一直到70号，航行加拿大的国际渡轮、华盛顿州的交通渡轮，以及各式各样的观光渡轮，都是从这里进出。其中，52号码头到59号码头以观光为主，码头边上有水族馆、立体电影院、海鲜餐厅、儿童游乐场，以及逛也逛不完的艺术品店和纪念品店。在此散步，轻柔的海风、叮当而过的路面电车，都能让人感受海岸城市特有的情调。

第三天

流行文化博物馆

在西雅图中心内　325 5th Ave N, Seattle, WA 98109　206-770-2700

在西雅图音乐史上，出现过两位传奇人物，或者更确切地说，在世界音乐史上，有两位传奇是来自西雅图。一位是吉他之神吉米·亨德里克斯，另一位是涅槃乐队（Nirvana）灵魂人物柯特·柯本，而体验音乐博物馆在很大程度上，就是向这两个人致敬。

一进大厅，目光很难不被那座用吉他堆成的倒立之山所吸引，那是音乐艺术家特里姆平的作品，总共用了700把琴，象征美国流行音乐的根源，题名为"If 6 was 9"，而这正是吉米的经典名曲之一。

关于吉米的两三事，我们将在介绍他的墓地时提到，现在就让我们来谈谈柯特吧。20世纪90年代，风光一时的重金属音乐开始显得后继无力，正当吉他英雄的时代准备谢幕时，柯特带着他脏掉的琴弦登场了。1991年，涅槃乐队发行了经典大碟《没关系》（Nevermind），短短数个月内便席卷了全世界，他的吉他的音色是那么的混浊破裂，却又那么的铿锵有力；他的唱腔是那么的撕心裂肺，却又那么的真实诚恳；他的歌词是那么样的艰涩隐晦，却又那么的朗朗上口。家长们开始紧张，青年们视他为救赎。这是种全新的乐风，有点金属，有点朋克，有点民谣，有点工业，无法归类，于是人们称之为"Grunge"。

说起来，吉米和柯特有许多相似之处：他们活跃的时间都不到五年；他们真正发行的专辑并不多，但每张都是经典；他们都改变了流行音乐的

走向，影响力直到今天都未曾衰减；他们都在主流与非主流间拔河，在自我理想与商业期待中挣扎，最后吉米死于药物过量，柯特则用枪轰掉自己的脑袋，都是 27 岁。另外，他们都喜欢在舞台上砸吉他（吉米说，这都是出自爱，人们只用自己所爱来献祭），这一点启发了博物馆的设计师弗兰克·盖里，他当时砸烂了几把吉他，然后用碎片拼成模型，这便是博物馆的外观如此奇特的原因。

博物馆内有大量珍贵物品介绍两位传奇人物的一生，包括唱盘母片，当时巡演的海报、填词手稿笔记，以及被砸烂的吉他碎片等。最棒的是，还有为数众多的多媒体数据，让旧友重温当年盛况，让新知体会故人不凡。2 楼展区的语言实验室里，利用真实乐器搭配交互式多媒体课程，教导游客演奏各种乐器，若是学有所成，就可以到一旁的舞台上模拟表演，并录下个人演唱会的影片带回家做纪念。当然，位于主入口旁的纪念品店，更是每位摇滚迷一定要去采购的地方。

● 太平洋科学中心

🚇 在西雅图中心内　🏠 200 2nd Ave N, Seattle, WA 98109　☎ 206-443-2001　📱
www.pacificsciencecenter.org

太平洋科学中心是美国西岸老牌的科学博物馆，除了有上百项交互式展览与实验，可让大人小孩亲自动手操作外，还设有一座热带蝴蝶园，供游客零距离欣赏飞舞中的彩蝶，并观察毛毛虫成蛹蜕变的状态。新开放的"身强体壮学院"（Wellbody Academy），则是通过各种有趣的游戏，教导孩子如何吃得好、睡得好、运动得好，让身体健健康康。而在IMAX 影院中，不但播放寓教于乐的超大屏幕电影，甚至还会上映院线3D 强档片！

白天的科学中心是儿童们的乐园，到了周末夜晚就轮到成年人来此狂欢。著名的镭射圆顶（Laser Dome）早在 1976 年就开始运作，在巨型球幕剧场里投射的并非天体星象，而是用五光十色的激光束演绎平克·弗洛伊德、齐柏林飞船、迈克尔·杰克逊等人的经典名曲，十分过瘾。

● 奇胡里玻璃花园

在西雅图中心内 　305 Harrison St, Seattle, WA 98109 　206-753-4940
www.chihulygardenandglass.com 　可购买与太空针塔的联票

　　2012 年 5 月开幕的奇胡里花园是西雅图近几年最轰动的新景点。奇胡里是当代享誉国际的玻璃艺术大师，他的作品在世界许多地方都能见到，他之所以选择在西雅图展示他一生创作的菁华，并不令人感到奇怪，因为他的家乡就在西雅图南方不远的塔科马（Tacoma）。

　　在八间室内展厅中，奇胡里用他奇异缤纷、乱中有序的华丽作品，带领我们穿越丛林、潜入深海、造访远古、探身未来，每一个房间都像一场绮丽的梦境，醉人心魄。等你回过神来才蓦然想起，这些巨大而繁复的作品都是吹出来的玻璃，这是何等的创意巧思？何等的聚精会神？又是何等

的仔细灵巧？令人只能对奇胡里感到五体投地。

　　展厅尽头是间玻璃屋，里面悬挂着一个长达 30 米的巨大作品，由1340 片红、橙、黄色的玻璃花朵组合而成，玻璃屋外便是太空针塔，里面风景的搭配，成了西雅图最时髦的构图。外面的花园里，奇胡里用他一生热爱的玻璃打造出花、叶、树等植物，并将它们和谐地融入在自然的花草中，于是玻璃似乎也有了能进行光合作用的生命，植物似乎也成了艺术的组成元素。我们终于明白为什么这里也要售卖 24 小时内参观两次的日夜门票，因为这片户外花园白天晚上有不同的美感。

● 太空针塔

📍 在西雅图中心内 🏠 400 Broad St, Seattle, WA 98109 ☎ 206-905-2100

用突出于天际线的景观塔当作城市地标，塔顶还附带可以360度旋转的餐厅，说实在的，在这个星球上已算不上稀奇事了。不过，若是把全世界的景观塔都集合起来，再请你来一一指认，最先被一眼认出的，恐怕还是西雅图的太空针塔。这独一无二的辨识度，来自向上收束的三脚架形钢铁支柱，以及有如飞碟一般的圆盘观景台，使它的外观不像其他景观塔那样单调、粗重，而有种轻盈、优雅、科幻的感觉。科幻，正是当年兴建太空针塔时所设定的主题。

时间回溯到20世纪50年代末，当时美苏太空竞赛正如火如荼，科幻主义风靡全球，对未来的想象成为人们最关注的议题。在这样的时代氛围里，西方饭店集团总裁艾迪·卡尔森说服了市议会，为西雅图争取到1962年万国博览会的主办权。博览会的主题定调为21世纪城市，虽然当时距离真正的21世纪还有将近40年，但西雅图已经是迫不及待了。因此卡尔森决定兴建一座足以象征这个城市的地标，一座真正属于21世纪的建筑，但遇到的第一个难题就是，什么才是21世纪的建筑？1959年时，卡尔森在参观完德国斯图加特电视塔后获得了灵感，他兴奋地在一张餐巾纸上画下景观塔的构想：高空中的餐厅、能俯瞰整座城市的视野，但最重要的、能与电视塔有所区别的，在于

能让人联想到太空时代的外观设计。这就是太空针塔的原始雏形。

经过多次修改，太空针塔的设计终于定案，然而随之而来的却是更大的难题：一方面，市政府认为这项建案是个毫无把握的赌博，他们拒绝投下赌注；另一方面，建案只能在博览会场地范围内进行，而他们找不到空地。经过一番艰苦排除万难，这两个问题先后化解，只是在一再拖延之下，从动工到博览会开幕，只剩下14个月的时间了。为了与时间赛跑，工人们夜以继日地赶工，曾创下连续灌注混凝土最久的吉尼斯世界纪录，那一天在12小时内总共灌下5850吨水泥。不过，对于安全的要求从未因为赶工而有所打折，太空针塔的防风与防震系数都比当年的建筑法规要高出两倍，塔顶安置了25根避雷针，地基重量比地面上的建物总体还要重，参与的工人也都是万中选一。

建成后的太空针塔总高约184米，在位于159米的观景平台上，拥有360度零阻碍的视野，沿着外廊走一圈，市中心高楼大厦群、雷尼尔山、奥林帕斯山、普捷峡湾，全都一览无余。观景台内则有交互式触碰屏幕SkyQ，能带你认识更多关于西雅图的知识。观景台下方的旋转餐厅SkyCity，供应西北美食料理，除了保证每个座位都能享有美景，更能免费登上观景平台。

现在的太空针塔不但是西雅图人的最爱，也因为出现在不少电影的场景中而成为世人对西雅图最直接的印象，当年市政府不敢投资的赌局，如今可谓全盘皆赢。

🌱 收获

位于西雅图市区附近的西雅图中心是为了1962年的万国博览会所规划出来的一片园地，西雅图最具代表性、状似飞碟的地标"太空针塔"就位于这一区。从西湖中心的3楼搭乘单轨电车，只要3分钟就能直接到这里。带孩子来此处，真是再适合不过了！园区内的各种设施、博物馆，连大人都会觉得新鲜，更何况还有特别为儿童打造的乐园。太空针塔、儿童博物馆、流行文化博物馆、太平洋科学中心、奇胡里玻璃花园、喷泉广场与露天游乐场，构成了西雅图绝佳的休闲乐园。

第四天

● 华盛顿大学西雅图分校

🚌 利用运输隧道系统搭乘北行的 71、72、73、74 路公交车，至 University Way / 45th St 路口下车。或于市中心的 4th Ave / Pike St 路口搭乘 43、49 路公交车，至 45th St / Brooklyn Ave 路口下车即达 🏠 1410 NE Campus Parkway, Seattle, WA 98195 💻 www.washington.edu 水上活动中心 🏠 3701 Montlake Blvd. NE, Seattle, WA 98195 ☎ 206-543-9433 🕐 夏季 10:00—21:00（周末 09:00 起），其他季节至 19:00 或 20:00 💰 租船平日每艘船 $9 元 / 小时，周末 $11 元 / 小时 ☀ 周六 12:00 之后与周日全日，停车免费 ❗ 5 月之后始开放租船

　　华盛顿大学（以下简称"华大"）占地极为辽阔，附近的商圈也以异国餐厅和个性商店为主要基调，架构出大学城特有的青春气息。在校园里，你可以看到全美国西北区最漂亮的校舍，一栋一栋的欧式建筑，有哥特式的尖顶造型，也有巴洛克式的华丽装饰，不过这份华丽并不显得奢华，反而透着古典的浪漫气味。校园内还规划了一座座的庭园和喷水池，配合四季递嬗的花卉树木，每个季节都展现出不同的景致。

　　无论从哪个方向进入校区，都可以很容易地找到一片铺满红砖的中央广场（Central Plaza），这就是华大学生口中的"红场"。广场四周的建筑是大学里的经典之作，例如北美哥特式的苏札洛图书馆（Suzzallo Library），散发出一股庄重的内敛气质，尤其是 2 楼的彩绘玻璃窗，在夕阳下透出淡蓝色的光芒，更是美艳。

　　再往华盛顿湖的方向走下去，会经过一个方院，方院中庭种满各种植物花卉，青翠的草坪常是学生们聚集和举行活动的场所。从中央广场的另外一边走下去，经过一段小小的斜坡，便来到了德兰赫勒喷水池（Drumheller Fountain），若是天气晴朗，从这儿就能清楚地看到雷尼尔雪山，因此被称为雷尼尔观景点（Rainier Vista）。

　　游览华大校园，除了静态地感受学术气息，也可以来点动态的活动。在华盛顿湖畔有栋水上活动中心（Waterfront Activities Center），虽是为了学生与教职员工所设，但也开放给一般民众。游客不妨租一艘独木舟或划桨船，行舟于湖光水色之中，从另一个角度欣赏华大校园之美。

● 佛瑞蒙区

🚌 在市中心的 3rd Ave 上搭乘北行的 26、28、40 路公交车，或是在西雅图中心西侧的 1st Ave / Republican St 路口搭乘北行的 32 路公交车，于 Fremont Ave / 34th St 路口下车即达 🌐 www.fremont.com

　　一进入佛瑞蒙，立刻就会看到有群人在候车亭里等着公交车，然而它们已经站在这里几十年了，却始终未曾上车，因为它们就是佛瑞蒙最有名的公共艺术之一——候车人（Waiting for the Interurban）。这些人全都是用资源回收废弃物所制造的雕塑，当地居民对它们可是煞费苦心，让它们每天都有新造型，天冷为它们穿衣，下雨帮它们打伞，仔细看看狗的脸，居然还是个人呢！佛瑞蒙式的幽默，大抵如此。

　　佛瑞蒙是西雅图具有艺术气息的区域，走在街道上，多的是这样的艺术品，更多的是长得像艺术家的人。似乎城里最有想象力的无厘头人士，都住到这一区来了。居民们除了自行创造些小东西，用来装点店面橱窗和住家街道外，也会集合小区的力量去购买公共艺术品或是邀请艺术家前来创作，让佛瑞蒙处处充满惊奇。

　　佛瑞蒙的地标是躲藏在奥罗拉大桥（Aurora Bridge）下的佛瑞蒙怪兽（the Troll），这只体积庞大的怪兽左手还抓着一辆汽车，看起来目光如炬，十分凶恶。它的独眼其实是个车轮盖，而汽车也是货真价实的福斯金龟车。这件作品是本地艺术家的创作，曾经在 1990 年的艺术竞赛中获得首奖，当地居民不但不对怪兽感到恐惧，还肆无忌惮地在它身上爬上跳下，每年万圣节也会为它装扮庆祝，并改节日名为怪兽节（Trollaween），由此可见它受欢迎的程度。

　　其他著名的艺术品还有挂在转角店家墙上的"火箭"，这支毁灭性飞弹武器如今也在佛瑞蒙"从良"，化干戈为艺术，在大街上供人拍照观赏。Fremont Pl 与 36th St 路口的列宁像，最初是件标价 15 万美元的展售品，一名在斯洛文尼亚教书的美国人出钱将它买下并运回国内。这位老师过世后，雕像被佛瑞蒙艺术基金会安放在现在的位置，成了这年轻不羁的街区中的独特风景。

● 齐坦登水闸门

🚌 从巴拉德历史街区的 Ballard Ave / Market St 路口，沿 Market St 西行，遇岔路时走左边那条进 54th St，水闸门园区在左手边（约 800 米）。若开车前往，园区外停车场每小时＄2，最多停 3 小时（收费时段为周一至周六 08:00—18:00）🏠 3015 NW 54th St, Seattle, WA 98107 ⊙ 园区：每日 07:00—21:00。鱼梯：每日 07:00—20:45。游客中心：5—9 月每日 10:00—18:00，10—4 月周四至下周周一 10:00—16:00 💲 免费

联合湖、华盛顿湖与普捷湾原本是三个各自独立的湖泊与海湾，为了让船只可以从华盛顿湖出海，陆军工兵团的齐坦登少校奉命开凿一条运河，将这三片水域串联起来，这便是今日的华盛顿湖航道（Lake Washington Ship Canal）。不过由于湖水的水位较海水更高，无法直接行船，为了平衡水位，于是又兴建闸门加以调节。当船只进入闸门后，前后的两扇闸门会同时关闭，然后放水改变水位，等水位与前方水路齐平，再打开前面的闸门让船只通过。整个闸门工程于 1917 年完工，不但使航道得以相通，也大大改善了湖水泛滥的情况。

闸门的兴建虽然为人类带来便利，却影响了鲑鱼的洄游生态，州政府于是在闸门旁特别建造了一道鱼梯，帮助鲑鱼顺利洄游产卵。现在人们来到闸门，多半就是为了这道鱼梯，透过大片强化玻璃，可以看到鲑鱼逆着水流而上、奋战不懈的坚强身影。每年下半年是观赏的最佳时机，银鲑（Coho）的洄游季在 8—11 月，国王鲑（Chinook）的洄游季在 7—11 月，红鲑（Sockeye）的洄游季在 6—10 月。若你是在春季造访，也有机会看到鲑鱼的表亲虹鳟（Steelhead）的洄游情形。

🌿 收获

在西雅图安排的最后一天行程充满了文化艺术气息，既能进行亲子教育，同时也能开拓、激发孩子们的想象力。首先来到校区占地辽阔的华盛顿大学，附近的商圈也以异国风味的美食餐厅和个性商店为主要基调，架构出大学城的特有青春气息。逛完辽阔的大学城后来到佛瑞蒙区，这里四处都能看见公共艺术，像是一进来就会看到一群已经站了几十年的候车人，马上就能感觉出这个地区充斥着满满的艺术气息。最后来到齐坦登水闸门，兴建这道闸门不但能调节水位得以让船只通过，还有助于改善湖水泛滥。不过也影响了生态，州政府为解决此问题，在闸门旁建造了鱼梯好让鲑鱼们能顺利洄游。而如今，这已成了观光客到此一游的主要目的了。

🌐 西雅图吃住行

📷 吃

● 5 Spot

这里的餐点汇集了所有的美式料理，美国五大菜系西北料理、新英格兰料理、加州料理、南方料理和马铃薯料理，在此经典呈现，且绝不融和，这也正是店名 5 Spot 的由来。

🏠 1502 Queen Anne Ave N, Seattle, WA 98109

☎ 206-285-7768

● Toulouse Petit

这家法式美国菜的餐厅，菜单丰富，随便一道都能令人心满意足。

🏠 601 Queen Anne Ave N, Seattle, WA 98109

☎ 206-432-9069

● Red Mill Burgers

这家餐厅卖着全西雅图最美味的汉堡。最厉害的是培根，煎得恰到好处。

🏠 1613 W. Dravus St, Seattle, WA 98119

☎ 206-284-6363

● Paseo Fremont

这家餐厅量大肉多且便宜，可说是肉食主义者的天堂。烤得油滋滋的猪肉、鸡腿堆满了餐盒。招牌三明治也值得尝尝。

🏠 4225 Fremont Ave N, Seattle, WA 98103

☎ 206-545-7440

● Salty on Alki

这家餐厅提供以海鲜为主的料理，另外也有炭烤牛排、三明治等餐点。餐厅拥有绝佳视野，可以欣赏整个西雅图市景，以及艾略特湾的海港风情，可说是美食与美景兼具的最佳选择。

🏠 1936 Harbor Ave S.W, Seattle, WA 98126

☎ 206-937-1600

● Elliott's Oyster House

以新鲜生蚝为号召的海鲜餐厅，想要吃各式各样不同产区的生蚝，非得来这里不可。

🏠 1201 Alaskan Way, Pier 56, Seattle, WA 98101

☎ 206-623-4340

● 翠苑 Jade Garden

经典港点配上各式中国香茶，不但老外吃得津津有味，中国同胞们更是赞不绝口。

🏠 424 7th Ave S, Seattle, WA 98104

☎ 206-622-8181

● Serious Pie

烧柴的木材坚持使用苹果木，以300℃的温度在石炉中烧烤，虽然比萨的形状看起来很随性，但这诱人香气、酥脆饼皮、香醇吉士和有机馅料，你就知道它真的是"认真的"。

🏠 316 Virginia St, Seattle, WA 98101

☎ 206-838-7388

🛏 住

● Loews Hotel 1000

西雅图旅店中的王者，距离54号码头只有两个路口，高楼层客房的景观自是不在话下。

🏠 1000 1st Ave, Seattle, WA 98104

☎ 206-957-1000、1-877-869-8579

● Hotel Max

独特风格的精品酒店。从大厅到客房，无处不是前卫的后现代绘画作品，充满艺术感。

🏠 620 Stewart St, Seattle, WA 98101

☎ 206-728-6299

● Hotel Andra

酒店以木、水、石的简单概念打造出清新的北欧式居家风格，许多细节处又用了巧思。

🏠 2000 4th Ave, Seattle, WA 98121
☎ 206-448-8600

● Inn at the Market

从房间内就能看到帕克市场的招牌，具有绝美景致，是住宿首选。

🏠 86 Pine St, Seattle, WA 98101
☎ 206-443-3600、800-466-4484

● Fairmont Olympic Hotel

市区相当豪华的观光饭店，虽然没有过多的华丽装饰，但却显得气势非凡。

🏠 411 University St, Seattle, WA98101
☎ 206-621-1700、1-888-363-5022

● Hotel Monaco

客房里的装潢每样都现代感十足。酒店获奖无数，其餐厅 Outlier 也颇受好评。

🏠 1101 4th Ave, Seattle, WA 98101
☎ 206-621-1770、800-715-6513

● The Edgewater Hotel Seattle

饭店的外墙就是码头的边缘，可以说码头本身就是栋饭店。每间客房都有面海的景观，等于独享了艾略特湾的第一线风景，确实具有很高的观光价值。

🏠 2411 Alaskan Way, Seattle, WA 98121
☎ 206-728-7000、800-624-0670

🚗 行

● 开车

西雅图市中心的道路有很多都是单行道，转弯时请特别留意。

市中心由于停车场很多，车位并不难找，但价钱往往不便宜，因此要开车进城的话，星期天是最好的时间，这一天绝大多数的路边停车格都不用收费。如果你一整天都在市中心活动，但又不得不把车停在市区的话，建议早上七八点就把车停好，因为许多停车场有早鸟优惠，在早鸟时段之前停好车，可以用相当划算的价钱停到傍晚甚至晚上（每家停车场时段不尽相同）。

若想知道实时路况或封路信息，可参考这个网站：www.wsdot.com/traffic/seattle。

收费道路

在西雅图共有 4 条收费路段，分别为横跨华盛顿湖的州道 520 浮桥（SR-520 Bridge）、塔科马海峡吊桥（Tacoma Narrows Bridge）、州道 167 的快速车道（SR-167 Hot Lanes）与州际公路 405 的快速车道（I-405 Express Toll Lanes）。后两者是内线共乘车道，不想付钱的话，别开上去就行了，但前两者却相当有机会遇到。

塔科马海峡吊桥是由陆路前往奥林匹克国家公园最近的道路，西向不收费，但回西雅图的东向要收费，建议你走人工收费亭的车道，过桥费为6 美元。如果走到电子收费道，账单就会寄到租车公司，比较麻烦。

比较麻烦的是州道 520 浮桥，不但双向收费，而且全部是电子收费道。驾驶租用车辆缴费的正式途径为：过桥 72 小时内上网申请一个 14 天的短期账户（Short Term Account），然后用信用卡缴费。因为账单缴费比网络缴费贵，如果账单被寄到租车公司，最后可能会被收取更高的费用。其实最简单的方法就是绕一点路，走 I-90 一样到华盛顿湖东岸，而且不用缴费。

🌐 http://www.wsdot.wa.gov/GoodToGo/visitors.htm

● 大众运输系统

西雅图的大众运输系统多数由金郡交通局（King County Department of Transportation）所营运，如果要查询如何抵达特定目的地，可利用官网上的 Trip Planner 功能。

🌐 metro.kingcounty.gov

● 市区巴士 Metro Bus

Metro Bus 有 200 多条路线，遍布西雅图市中心及郊区。公交车前门上车，后门下车，上车时投币。高峰时段（周一至周五的 06:00—09:00 与 15:00—18:00）票价会比离峰时稍贵一点，高峰时又有分区段，全程在市区以内或以外为 1 段，只要跨越分段线，不论搭乘距离远近皆为 2 段。若需换乘公交车，可向司机索取换乘券（Transfers），在 90 分钟之内凭券免费换乘另一班 Metro Bus。

💲 成人：离峰时段 ＄2.50，高峰时段在市内 ＄2.75，市外 ＄3.25。6~18 岁：不分时段一律 ＄1.50。65 岁以上老人 ＄1。5 岁以下儿童免费

● 轻铁 Link Light Rail

轻铁由 Sound Transit 公司营运，连接市中心的 Westlake Center 与西雅图一塔科马国际机场，沿途停靠 11 站，市中心的 4 站为运输隧道系统。车票可在车站的自动售票机购买。

🕐 每日 05:00—01:00 行驶。06:00 之前与 22:00 之后为 15 分钟一班，其他时间 6~10 分钟一班
💲 成人 ＄2.25~3.25，6~18 岁 ＄1.50，65 岁以上老人 ＄1
🌐 www.soundtransit.org

● 运输隧道系统 Downtown Seattle Transit Tunnel

为了避开繁忙的上下班交通高峰时间，市政府在市中心的 3rd Ave. 与 Pine St. 地下开凿了这条隧道，将部分公交车路线导引到隧道内通行，而前往机场的 Link 轻铁也是从隧道内发车。虽然隧道系统并非地铁，但却像地铁一样有个地下车站，车站出口外会有指示牌，车票在车站内的售票窗口或自动售票机购买，车票价钱与一般公交车无异。整条隧道共有 5 座车站，分别为会展中心（Convention Place）、西湖中心（Westlake）、大学街（University Street）、拓荒者广场（Pioneer Square）与国际区（International District）。若遇到隧道封闭，则原本行驶于隧道内的公交车会有各自的地面替代路线。

◎ 周一至周六 05:00—01:00，周日 06:00—24:00

● 单轨电车 Monorail

从 Westlake Center 的 3 楼可搭乘单轨电车前往西雅图中心（Seattle Center）。这条总长度只有 2.4 千米的高架轨道电车，当初是在西雅图博览会期间为了吸引观展人潮而兴建的，虽然博览会如今早已落幕，单轨电车却仍旧每 10 分钟行驶一班。由于路程甚短，中途也没有其他停靠站，因此观光价值远高于交通价值，一般市民很少会来搭乘。

单轨电车的车票在车站售票亭购买，若售票亭没开，则上车后向工作人员购买。

◎ 周一至周五 07:30—23:00（冬季周一至周四至 21:00），周六、周日 08:30—23:00（冬季周日至 21:00）

💲 成人 $2.25，5~12 岁儿童及 65 岁以上老人 $1，4 岁以下儿童免费

🌐 www.seattlemonorail.com

● 路面电车 Streetcar

路面电车由 King County Metro 营运，共有 2 条路线，分别为联合湖南岸线（South Lake Union Line）及第一丘线（First Hill Line）。前者从 Westlake Center 北侧通往联合湖公园，每 10~15 分钟一班，沿途停靠 7 站；后者从 Pioneer Square 通往 Capitol Hill，沿途经过国际区，每 10~18 分钟一班（06:00 前与 23:00 后为 18~25 分钟一班），沿途停靠 10 站。

另有一条尚在计划中的 Center City Connector，连接了联合湖南岸线及第一丘线，沿途将经过帕克市场、西雅图美术馆、拓荒者广场等热门景点，预计于 2020 年通车。

◎ 联合湖南岸线：周一至周四 06:00—21:00，周五、周六 06:00—23:00，周日 10:00—19:00。第一丘线：周一至周六 05:00—01:00，周日 10:00—20:00。

💲 单程：成人 $2.25，6~18 岁 $1.50，65 岁以上老人 $1，5 岁以下儿童免费。单日通票：成人 $4.50，6~18 岁 $3，65 岁以上老人 $2，5 岁以下儿童免费。

🌐 www.seattlestreetcar.com

● 华盛顿州渡轮 Washington State Ferries

可搭载人、车的华盛顿州渡轮，有多条航线及码头，是海湾居民重要的交通工具。西雅图市的航站位于 52 号码头，可由此搭船前往 Bainbridge Island 与 Bremerton，若要开车到奥林匹克国家公园，非常有机会使用到。

徒步登船的乘客，可在航站内购买船票，并于开船前 5 分钟登船；若要开车上船，可从 King St. 以北的 Alaskan Way 依 "To Ferry" 指示转进码头车道，在车道上的售票亭买好票后，遵照工作人员的指示顺序开上船，并在停车甲板上把车停妥（需于开船前 20 分钟完成登船手续）。

🏠 801 Alaskan Way, Pier 52, Seattle, WA 98104

◎ 到 Bainbridge Island 每日约 22~23 班，航程约 35 分钟；到 Bremerton 每日约 15 班，航程约 60 分钟。详细时刻表请上官网查询

💲 成人 $8.20，6~18 岁及 65 岁以上老人 $4.10，小型车（含驾驶）$14.60~18.20

🌐 www.wsdot.wa.gov/ferries

● 观光行程

随上随下观光巴士 Hop-On Hop-Off Bus

复古电车造型的观光巴士，每小时从流行文化博物馆北侧的回转道上发车，沿途停靠太空针塔、66 号码头、西雅图水族馆、拓荒者广场、哥伦比亚大楼、帕克市场、Westlake Center 等站。车票可上车向司机购买，或在各大旅馆也有售。

- ☎ 855-313-3456
- ◎ 5 月底至 9 月初每日 09:00—18:00。首班车 09:00 发车，末班车 16:30 发车，每 20 分钟一班
- ¥ 成人一日 $34，两日 $45；儿童一日 $20，两日 $27；老人一日 $28，两日 $38
- ◎ www.emeraldcitytrolley.com

水鸭子之旅 Ride The Ducks

水鸭子是美国各大城市经常出现的观光工具，看起来很可爱的水陆两用车，其实是改装自"二战"时的登陆艇！这趟旅程会行经帕克市场、拓荒者广场、海岸码头区、联合湖、佛瑞蒙区等，全程约 1.5 小时，导游会沿途介绍各个景点，并要求乘客对着路人学鸭子呱呱叫，尤其是水鸭子冲下水的那一刻，更是让乘客欢笑无比。

- 🏠 在 Westlake Center 前的广场上与太空塔旁的 5th Ave / Broad St 路口皆有售票亭
- ☎ 206-441-3825
- ◎ 每日 11:00—15:00，整点出发
- ¥ 成人 $35，4~12 岁儿童 $20，0~3 岁婴幼儿 $5，65 岁以上老人 $32
- ◎ www.ridetheducksofseattle.com

弗吉尼亚五号 Virginia V

这是当年航行在普捷湾上的蚊子舰队（Mosquito Fleet）的一员，专门载运客货往来于西雅图、塔科马与瓦松岛之间。退役后成为最受游客欢迎的蒸汽游船，至今仍载着观光客悠游于联合湖与华盛顿湖上，在国际汽船迷心目中占有相当重要的地位。

- 🏠 联合湖公园码头
- ☎ 206-624-9119
- ◎ 夏季航行，开船时间当季公布。周四至周日 12:00—17:00 免费参观
- ◎ www.virginiav.org

冰激凌巡航 Ice Cream Cruise

可爱的小蒸汽船航行于联合湖上，沿途可看到《西雅图夜未眠》中的著名场景，不过行程的重点当然还是船上招待的冰激凌。船上也供应咖啡、热巧克力及其他饮料，不过需要另外购买。

- 🏠 联合湖公园码头
- ☎ 206-713-8446
- ◎ 每周日 11:00—17:00（秋冬至 15:00），航程约 45 分钟
- ¥ 成人 $12，5~13 岁儿童 $8，老人 $11，婴儿 $3
- ◎ www.seattleferryservice.com

● 优惠票券

Seattle CityPASS

这本通票当中共有 5 张票券，前 3 张分别为太空针塔日夜票、西雅图水族馆门票及阿格西游船港湾巡游船票；后 2 张为选择票券，可参观体验流行文化博物馆或林地公园动物园、奇胡里玻璃花园或太平洋科学中心。如果全部用上的话，比每个景点单独购

票可省下 51% 的费用。

CityPASS 可在上述各景点现场购买，也可在网站上使用信用卡预购，将购买凭证或稍后发送到 E-mail 信箱的收据打印下来，至第一个参观的景点换取实体票券即可（只接受打印凭证，不接受手机等移动装置屏幕显示的凭证页面）。网站购买者，需于 6 个月内换取实体票券；票券效期为 9 天，自第一张票券使用起计算。

💲 成人 ＄79，4~12 岁儿童 ＄59
🌐 www.citypass.com/seattle

● 旅游咨询
西雅图旅游局
🌐 www.visitseattle.org

西雅图市区游客中心
🏠 在 Pike St 与 7th Ave 路口东南转角的华盛顿州会展中心大厅里
☎ 206-461-5840、866-732-2695
🕐 周一至周五及夏季周末 09:00—17:00

3 游名城
华盛顿

华盛顿概况

　　作为首都，美国最重要的官方机构如白宫、国会等，皆位于这里，不过第二次独立战争时特区曾被英军攻陷，焚毁了大部分公共建筑，因此今日所见的政府机构，大多不是最初的原始样貌。而华盛顿市容最重要的美化建设，是1901年的麦克米兰计划（McMillan Plan），几乎横跨半个市中心的国家广场就是在那时兴建的，这片从国会大厦延伸到林肯纪念堂的长方形绿地，是世界最大的国家级博物馆区，主要由史密森尼学会管理，而且大多免费参观，是全球博物馆迷必来"朝圣之地"。同时，在国家广场内也有许多纪念堂与地标建筑，不但在美国电影中经常出现，也成为烙印在人们脑海中的华府印象。

线路推荐

第一天：白宫—华盛顿纪念碑—国家艺廊—美国国会大厦—美国原住民博物馆
第二天：美国国家植物园—史密森尼国家航天博物馆—史密森尼国家自然史博物馆—美国国家历史博物馆
第三天：国立建筑博物馆—美国国家档案馆—国家地理博物馆—杜邦圆环—乔治敦

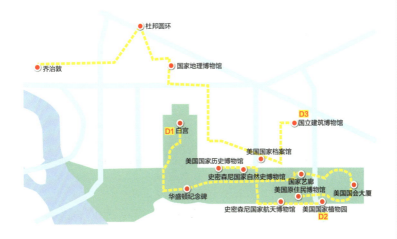

第一天

● 白宫

搭乘捷运蓝、橘、银线至 Farragut West 站，步行约 6 分钟 📍 1600 Pennsylvania Ave NW 🌐 www.whitehouse.gov

作为美国总统的官邸与办公室，白宫于 1792 年由乔治·华盛顿下令兴建，不过当它于 1800 年完工时，华盛顿早已卸任，而他也成了唯一没有住过白宫的美国总统。白宫的设计者为爱尔兰裔建筑师詹姆斯·霍本，他参考了故乡的伦斯特府（Leinster House），建造出这栋结合新古典主义与帕拉第奥式风格的官邸。

至于白宫名字的由来显而易见，因为整栋建筑都是白色。1814 年，特区曾被英军短暂占领，白宫在战火中遭受波及，因此过去常见的说法是白宫在修复时被漆上白漆，因而得名。然而事实上，白宫至少在 1811 年时就已经是白色的了。

虽然每年白宫都有几天向公众开放，不过申请对象以学校教学为优先，一般游客不太有机会入内参观。而要一睹白宫外观，可在 E St 上隔着围栏看白宫的南面，或从 Pennsylvania Ave 看白宫的北面，后者距离白宫较近，围观的人也较多。

● 华盛顿纪念碑

🚇 搭乘捷运蓝、橘线至 Smithsonian 站，步行约 10 分钟 🏠 2 15th St NW ☎ 1-877-444-6777

若以国会大厦、白宫、林肯纪念堂与杰斐逊纪念堂作为国家广场的四个角，则华盛顿纪念碑就位于两条轴线交叉的中心位置。在特区里，没有其他建筑比华盛顿纪念碑更加显眼，因为美国政府明令规定，特区的所有建筑物皆不得超过华盛顿纪念碑的高度。

在古埃及，方尖碑常被用来表彰法老王的功绩，而在新大陆，同样的概念也被用来荣耀美国人最尊敬的国父。1832 年，为庆祝乔治·华盛顿百年诞辰，建造纪念碑的计划正式启动，负责设计的是罗伯·米尔斯，他原本的构想是在方尖碑基座设置列柱廊，里面是 30 位开国元勋的雕像，不过由于预算困难，1848 年动工时被迫放弃基座，以全力打造方尖碑本身。然而自 1854 年开始，受到资金短缺与南北战争影响，工程停宕长达 24 年之久，这次停工导致石材来源不连贯，这便是纪念碑的外观上下略有色差的原因。

经过风风雨雨，纪念碑终于在 1888 年完工，并以 169.2 米的高度，打败德国科隆大教堂，成为当时世界最高的建筑物。虽然这个头衔来年就被艾菲尔铁塔抢走，但时至今日，华盛顿纪念碑仍是世界最高的石造建筑。纪念碑内部开放供民众参观，登上碑顶展望台，特区风景皆一览无余。不过为了控制人数，门票采取时段制，数量有限，想入内的人最好早早排队领取。

● 国家艺廊

🚇 搭乘捷运黄、绿线至 Archives-Navy Memorial-Penn Quarter 站，步行约 4 分钟 🏠 3rd St 与 6th St 之间的 Constitution Ave NW 上 ☎ 202-737-4215 🕐 周一至周六 10:00—17:00，周日 11:00—18:00 💲 免费 🌐 www.nga.gov

国家艺廊拥有美国最重要且风格完整的艺术收藏，难能可贵的是，这可能是全世界唯一不用门票的国家级博物馆。其诞生要归功于曾任财政部部长的大收藏家安德鲁·梅隆，他为了让美国也能有一座世界级的博物馆，不但将毕生收藏悉数捐给国会，还自掏腰包出资兴建博物馆。即使在梅隆过世后，由他后人成立的基金会仍不断通过拍卖会及私人收购，继续充实国家艺廊的典藏。

艺廊原始建筑是落成于 1941 年的西馆，这栋雄伟的古典样式建筑由约翰·拉塞尔·波普设计，中央的圆顶大厅灵感来自罗马万神殿，自大厅左右延伸的参观路线经过精心规划，让游客无须走回头路就能浏览所有展厅。随着馆藏日益丰富，展示空间逐渐不敷使用，于是又请来名建筑师贝聿铭增建新楼，而这里现代风格的新展馆，便是于 1978 年开放的东馆。

目前西馆主要展示中世纪到 19 世纪的欧洲绘画，东馆则是 20 世纪后现代艺术的陈列之地，东西馆之间由地下通道相连。收藏于此的珍贵名作数不胜数，其中以文艺复兴诸大师、北方文艺复兴巨匠、弗兰德斯画派、法国印象主义，以及安迪·沃霍尔、毕加索、马蒂斯等当代艺术家的作品最受欢迎。

另外，在西馆一旁还有座占地面积广达 2 万多平方米的雕塑花园（Sculpture Garden），在幽静的树林与步道间，隐藏着不少令人惊喜的雕塑，包括露易丝布尔乔亚那有名的《蜘蛛》、罗伊·列支敦士登的漫画《房子》等。花园中央偌大的喷泉池到了冬天会变身为溜冰场，不过在这里溜冰需要另收入场费。

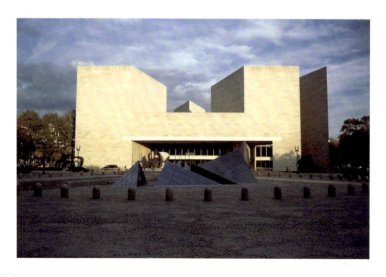

美国国会大厦

🚇 搭乘捷运蓝、橘、银线至 Capitol South 站，步行约 8 分钟 🏠 入口在 1st St 与 East Capitol St 路口（游客中心在国会大厦东侧广场下方）☎ 202-226-8000 🌐 www.visitthecapitol.gov

美国国会大厦奠基于1793年，没有等到正式完工，国会便迫不及待地于1800年从费城搬迁至此。后来随着加入合众国的州越来越多，席次逐渐不敷使用，于是又多次扩建成今日规模。目前大厦南翼为众议院使用，北翼为参议院使用，全国性的政策都由这里决定，历任总统也是在此宣誓就职。

要进入国会大厦参观，须先至下层的解放大厅（Emancipation Hall）报到，观看完名为"合众为一"的13分钟影片后，行程便由此展开。参观的重点是中央圆顶下方的圆形大厅（The Rotunda），这里是欢迎国家来访贵宾、举行重要人物国葬等仪式的场地，环绕大厅的是许多精彩的巨幅帆布油画，内容描绘美国独立建国及发展壮大的各个关键时刻。而在近55米高的穹顶上，是一幅名为"华盛顿升天图"的类宗教湿壁画，这是意大利画家康士坦丁·布轮米迪的作品。因为原本国会在兴建时，将圆形大厅的地窖保留为乔治·华盛顿的墓室，不过华盛顿本人的意愿是葬在维农山庄，使得这个规划最后没有实现。

另一处重点是原为众议院大厅的国家雕像大厅（National Statuary Hall），这里收藏的雕像是由各州自行选出的两名代表人物，而解放大厅四周的雕像便是这个收藏的延伸。至于解放大厅里那尊高6米的自由女神，则是1857年铸造青铜像时所用的石膏模型，而当初铸造的青铜像，现今正威风凛凛地矗立在国会大厦的圆顶上。

● 美国原住民博物馆

🚇 搭乘捷运蓝、橘、银线至 Federal Center SW 站，步行约 7 分钟 🏠 4th St SW 与 Independence Ave 路口 ☎ 202-633-1000 🕐 每日 10:00—17:30 💲 免费 🌐 www.nmai.si.edu

美国原住民博物馆于 1989 年由国会通过成立，本馆位于纽约曼哈顿下城，而国家广场的分馆则于 2004 年开放。这栋以卡索达石灰岩（Kasota）打造的弧线形建筑，令人联想起美国西部的沙漠地貌，由黑脚族建筑师道格拉斯·卡迪纳尔设计，并率领一批纳瓦霍、切罗基、霍皮等部族工程师组成的团队兴建。内部展示的美洲原住民文化，北起北极圈，南至巴塔哥尼亚，共计 8200 个部族，超过 80 万件文物，可从中了解欧洲人到来前，这片土地上人们的生活方式，以及欧洲人到来后，他们所面对的各种冲击与转变。这当中有辉煌、有血泪，也有原住民们本身文化的荣耀。

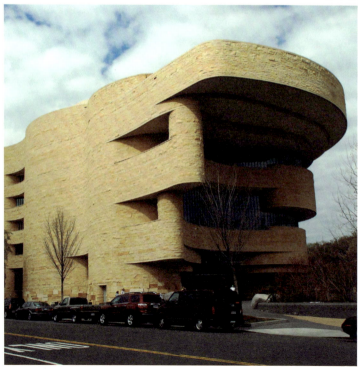

🌸 收获

　　国家广场是华盛顿特区最精彩的区域，短短 3000 米的距离内，聚集了将近 30 处纪念碑、纪念堂和博物馆，而且几乎全都免费参观，光是这点就有强大的吸引力，更何况能观赏到的还都是世界级的馆藏。爸爸妈妈带孩子来到这里，可让孩子看见真实呈现在眼前的书本中的知识，相信一定会为孩子带来各种新鲜体验。而国家广场东边的国会山庄，是美国政府的核心部分，重要部门包括国会大厦、国会图书馆、联邦最高法院等，这些地方都有针对观光客的导览行程，让一般人也可以入内参观。到了晚上，倒映池两端的林肯纪念堂与华盛顿纪念碑都会打上灯光，也是个看夜景的好地方。

第二天

🚶 美国国家植物园

🚇 搭乘捷运蓝、橘、银线至 Federal Center SW 站，步行约 8 分钟 🏠 100 Maryland Ave SW ☎ 202-226-8333 🕐 每日 10:00—17:00 💲 免费 🖥 www.usbg.gov

美国国家植物园包含 3 个部分：国家植物园温室、遍植中大西洋本土植物的国家花园和独立大道对街的巴特勒迪喷泉公园（Bartholdi Park）。其中以植物园温室最为精彩，里面又分为莽林馆、兰科植物馆、药用植物馆、远古植物馆、世界沙漠馆、稀有及濒危植物馆、庭院花园、南部景色园、儿童花园等多个区块，共有植物 12000 多种，总数超过 65000 株。在莽林馆内还建有一条空中步道，让人得以观察这些高大植物的枝叶细节。

而在东、西两间展厅中，则有定期轮换的艺术或教育性展览。

● 史密森尼国家航天博物馆

搭乘捷运蓝、橘、银、黄、绿线至 L'Enfant Plaza 站，步行约 5 分钟 🏠 Independence Ave 与 6th St 路口 ☎ 202-633-2214 🕙 每日 10:00—17:30（5 月底至 9 月初至 19:30）💲 博物馆：免费。IMAX 与星象节目：成人 $9、老人 $8、4~12 岁儿童 $7.5 🌐 airandspace.si.edu

看到史密森尼航天博物馆中国家级的馆藏，实在很难想象这样一间博物馆居然是免费参观！在两层楼的展览馆内，拥有超过 5 万件展品，其中不少还是飞机、火箭等庞然大物。这些展品诉说着人类对于征服天际、探索未知的渴望，将 100 多年来航天发展的脉络谱系，系统地呈现在大众眼前。

必看馆藏包括 1903 年开启飞行纪元的莱特兄弟的"飞行者一号"（Wright Flyer I）原机，这架人类史上首次试飞成功的有人驾驶动力飞行器，是史密森尼学会与莱特兄弟间经过无数恩恩怨怨，才终于在 1948 年获得并展示于此的。另一架著名飞机是单引擎单翼的圣路易精神号（Spirit of St. Louis），1927 年林德伯格就是驾着这架飞机从纽约飞到巴黎，成为第一位横越大西洋的飞行英雄。继林德伯格之后，阿梅利亚·埃尔哈特也于 1932 年成功飞越大西洋，为女性飞行史开创新局面，而她当年驾驶的 Lockheed Vega 5B，也收藏在这间博物馆中。

而在太空科技方面，最有名的展示是阿波罗 11 号（Apollo 11）的指挥舱，这就是 1969 年时载着阿姆斯特朗、艾德林与科林斯进行人类首次登月计划的主角。在 2 楼的登月展厅中，还有一块从月球带回来的岩石，开放让民众亲手触摸。

博物馆内还有 IMAX 电影院与星象放映厅，前者是以 6 层楼高的巨型屏幕播放航天科技的 3D 影片，后者则是拥有 23.5 米数字球形屏幕的太空剧院。不过这两个项目需要另外购票入场。

● 史密森尼国家自然史博物馆

🚇 搭乘捷运蓝、橘、银线至 Smithsonian 站，步行约 6 分钟　🏠 Constitution Ave. NW 与 10th St NW 路口　☎ 202-633-1000　🕐 每日 10:00—17:30（夏季至 19:30）　💲 博物馆：免费。蝴蝶馆：成人 $6，60 岁以上老人 $5.5，2~12 岁儿童 $5　🌐 www.mnh.si.edu

这间世界数一数二的自然史博物馆启用于 1910 年，是电影《博物馆惊魂夜 2》的主要场景。在占地面积超过 25 座美式足球场的展馆中，展示了地球自形成以来的浩瀚历史。人们来到这里，第一个看的通常是希望钻石（Hope Diamond），这颗世界上最大的已切割蓝钻，足足有 45.52 克拉重，而且透出一种被称为"奇妙深灰蓝"的色泽。不过这颗钻石最有名的并非它的美丽，而是诅咒传说。相传曾经拥有它的人，包括路易十六在内，都没有好下场，虽然这些传闻大都牵强附会，但经过文学创作，却的确使它名满天下。其他重要馆藏还有完整的暴龙头骨、史前人类壁画、深海大乌贼标本、蝴蝶馆与 IMAX 剧院等。

● 美国国家历史博物馆

🚇 搭乘捷运蓝、橘、银线至 Smithsonian 站，步行约 6 分钟 🏠 14th St NW 与 Constitution Ave NW 路口 ☎ 202-633-1000 🕐 每日 10:00—17:30（夏季至 19:30）💲 免费 🌐 americanhistory.si.edu

这间博物馆展示美国自殖民时代以来的诸般历史，美国的国力如何日渐强大、美国人的思想观念如何演变、美国的民族性格如何成形，在这里都能找到答案。著名馆藏包括一面已然破烂的星条旗，1814 年美军从巴尔的摩的堡垒里升起这面旗帜，宣告 1812 年战争的胜利，旗帜飘扬空中的景象，激发了弗朗西斯·斯科特·基的灵感，使他写下日后成为美国国歌的《星条旗》。

除了政治等比较严肃的主题外，博物馆也介绍不少美国人的生活面貌，像是茱莉亚·切尔德的厨房、茱蒂·嘉兰 1939 年演出《绿野仙踪》时所穿的经典红鞋、第一夫人的礼服大观等，从流行文化、日常生活、科技发明等方面来阐述美国历史。

🌱 收获

在华盛顿这座充斥着人文、历史景点的城市，将美国国家植物园加入行程中能够让这趟行程更丰富。这座都市中的茂密丛林，不只有多达 120000 种的植物，还有可观察莽林的空中步道与教育性展览，很适合亲子一同前往，正好也为这几天的行程添加了亲近自然的部分。而华盛顿纪念碑以东的绿地两侧，排列了十多间国家级博物馆，每间都相当值得参观，像是展出飞机、火箭等巨物却能免费参观的史密森尼国家航天博物馆。到史密森尼国家自然史博物馆探索地球的奥秘，去美国国家历史博物馆了解美国的历史，都是知性且富教育意义的旅程。

第三天

● 国立建筑博物馆

🚇 搭乘捷运红线至 Judiciary Square 站，步行约 3 分钟 🏠 401 F St NW ☎ 202-272-2448 🕐 每日 10:00—17:00（周日 11:00 起）💲 大厅及历史建筑导览：免费；展览厅：成人＄8，老人及 4~12 岁儿童＄5 🌐 www.nbm.org ❗ 展厅禁止拍照

博物馆的建筑前身是发放老兵退休抚恤金的机构，建于 1887 年，到了 1980 年才作为建筑博物馆使用。这里最有名的是有着不可思议挑高屋顶的大厅（Great Hall），近 23 米高的巨大圆柱，一旁还有座喷水池，俨然一座室内的罗马式中庭。而建筑外部立面上极长的腰线，雕饰着南北战争时的行军画面，也相当有特色。而博物馆的展示厅里，则有关于建筑学、工程科技与设计风格的展览，其中还有间建筑区（Building Zone），是专为 2~6 岁的孩子规划的，内有各种建筑游戏和积木，说不定能激发出孩子的潜能。

● 美国国家档案馆

🚇 搭乘捷运黄、绿线至 Archives 站，步行约 4 分钟 🏠 Constitution Ave NW（7th St 与 9th St 之间）☎ 202-357-5000、866-272-6272 🕙 每日 10:00—17:30（闭馆前 30 分钟停止入场）💲 免费 🖥 www.archives.gov/museum ❗ 馆内禁止拍照

美国自建国以来，有不少革命性的创举，在政体、法制、民权等各方面，深深影响了世界的发展。而当时这些创举所留下的重要文件，就收藏在这栋供奉历史的圣殿里。1952 年，杜鲁门总统下令将最重要的 3 份原始文件——1776 年的《独立宣言》、1787 年的《美国宪法》、1789 年的《权利法案》，存放在玻璃展示柜中，开放人们自由参观。今日，你可以在档案馆的圆形大厅（Rotunda）里，拜读这些掷地有声的文件，而环绕大厅墙上的巨幅壁画，是巴里·福克纳绘于 1935—1936 年的作品。

● 国家地理博物馆

🚇 搭乘捷运红线至 Farragut North 站，步行约 5 分钟 🏠 1145 17th St NW ☎ 202-857-7700 🕙 每日 10:00—18:00 💴 成人 $15、老人 $12、5~12 岁儿童 $10 💻 events.nationalgeographic.com/national-geographic-museum

这间博物馆隶属国家地理学会旗下，该学会最有名的就是《国家地理》杂志与国家地理频道。博物馆内没有固定馆藏，两个展厅分别展出暂时性的特展，每次展期大约半年。例如 2015 年下半年，这里的展览为印第安纳琼斯展与淡水巨鱼展，前者结合电影片段与从费城宾恩博物馆借展的文物，介绍各地古文明的考古发现；后者配合国家地理频道的节目与小游戏，做出寓教于乐的生动展览。从以上两个例子便不难看出这里的策展模式。

● 杜邦圆环

🚇 搭乘捷运红线至 Dupont Circle 站，出站即达

杜邦圆环集合了多重"面相"，从圆环伸展出去的各条马路，每条都有不同的个性：康涅狄格大道上餐厅、咖啡馆、商店林立，是这里最热闹的大街；马萨诸塞大道是华盛顿的大使馆区，国旗接连着飘扬，有"使馆街"（Embassy Row）之称，气氛悠闲宁静；P 街上处处都是轻松随兴的小餐馆与个性商店。而每个星期天早上，在圆环西北侧的第 20 街（马州大道与康州大道之间），会举行本地的农夫市集。

● 乔治敦

🚌 搭乘循环巴士 Dupont Circle - Georgetown - Rosslyn 线至 M St NW/31th St 站即达

乔治敦建镇于 1751 年，比华盛顿特区的历史还要古老，爱国者联盟的名校乔治敦大学就位于这里。由于邻近学区，这一带的街景总是活力十足，尤其是威斯康星大道与 M 街上，林立着精品名牌专卖店、独立设计师工作坊、异国料理餐厅与个性强烈的艺廊，让人们提起乔治敦时，总离不开时髦的印象。从 M 街通往波多马克河畔的诸条街道两旁，亦不乏著名的餐厅与面包店，而到了码头边上的华盛顿港，更是一处集餐饮、购物、娱乐、赏景于一体的休闲胜地。

收获

　　国家广场博物馆区北边，是被称为宾恩区（Penn Quarter）的街区，这里博物馆密集的程度与国家广场难分轩轾，甚至延伸到东边的中国城一带。充满人文知识的华盛顿特区是亲子旅游的好去处。而再东边一点的 H 街区，则是酒吧、餐厅与艺廊的聚集地。

　　白宫西边的雾谷区，因常起大雾而得名，美国国务院、肯尼迪表演艺术中心、乔治·华盛顿大学皆位于这里。雾谷北方的杜邦圆环，是华府的使馆区，也坐落着不少星级与精品酒店。至于 Rock Creek 以西的乔治敦，则是美东著名的大学城，有许多时髦热闹的购物街道。

🏃 华盛顿吃住行

📷 吃

● Founding Farmers

这里的所有食物都是小农户辛勤劳动的成果，虽然没有千奇百怪的花样，但吃到的都是最新鲜自然的味道，再加上主厨们的功力，美味真不在话下。

🏠 1924 Pennsylvania Ave NW
☎ 202-822-8783

● Luke's Lobster

这家餐厅每份龙虾卷里都放了整只龙虾，绝不偷工减料。除了龙虾卷外，也有蟹肉卷与虾肉卷。

🏠 624 E St NW
☎ 202-347-3355

● Zaytinya

这间餐厅卖的是新式地中海东岸菜，也就是以创意融合的方式呈现希腊、土耳其与黎巴嫩料理，菜色以烧烤类及海鲜为主。

🏠 701 9th St NW（在 Edison Place 中）
☎ 202-638-0800

● Old Ebbitt Grill

这家华盛顿特区最古老的酒吧，美味的名声早已传遍美东。而在诸多菜色中又以海鲜见长，像是蟹肉饼、烤龙虾、生蚝、加乃隆方面等都是招牌。

🏠 675 15th St NW

☎ 202-347-4800

● Matchbox

这家餐厅除了主打的柴烧比萨相当受欢迎外，汉堡与海鲜类主餐也都各有忠实的顾客群。

🏠 713 H St NW
☎ 202-289-4441

● Rasika

这是间新式印度料理餐厅，这里的印度菜充满创新精神，滋味不同凡响。

🏠 633 D St NW
☎ 202-637-1222

● Baked & Wired

店内分为烘焙坊和咖啡馆两部分，烘焙坊里的甜点种类极多，皆是在传统食谱上融入店主的创新精神，吃起来有种独特且惊奇的风味。

🏠 1052 Thomas Jefferson St
☎ 703-663-8727

● Ben's Chili Bowl

创始于 1958 年，以辣酱热狗堡（Chili Dog）起家，也号称是 Chili Half-Smoke 的发源地。

🏠 1213 U St NW
☎ 202-667-0909

🛏 住

● The George

🏠 15 E St NW
☎ 202-347-4200、(800) 546-7866

● Rouge, a Kimpton Hotel

🏠 1315 16th St NW
☎ 202-232-8000、(800) 738-1202

● The Donovan – A Kimpton Hotel

🏠 1155 14th St NW
☎ 202-737-1200、(888) 550-0012

● The Graham Georgetown

🏠 1075 Thomas Jefferson St NW

☎ 855-341-1292

● W Washington DC

🏠 515 15th St NW
☎ 202-661-2400

● Loews Madison Hotel

🏠 1177 15th St NW
☎ 202-862-1600、855-325-6397

● Avenue Suites Georgetown

🏠 2500 Pennsylvania Ave
☎ 202-333-8060、888-874-0100

● Sofitel Washington DC

🏠 806 15th St NW
☎ 202-730-8800

🚗 行

● 市区交通

华府的大众运输工具由华盛顿都会区交通局（WMATA）营运，包括捷运、公交车等。

华盛顿都会区交通局

🌐 www.wmata.com

捷运 Metrorail

华府捷运系统共有红、橘、蓝、银、黄、绿等6条路线，范围延伸到邻近的弗吉尼亚州与马里兰州。在市中心内，橘、蓝、银3条路线重叠，黄、绿2条路线重叠，而Metro Center、L'Enfant Plaza 和 Gallery Place 为换乘大站。

捷运站以"M"为标记，上车前请先看清楚该列车前往的地点，以判断列车行进方向。假日时列车班次较少，有时也会误点，电子广告牌上的列车到站时间仅供参考。

捷运票价依距离远近计算，又分高峰及低峰时段，高峰时段为平日05:00—09:30、15:00—19:00，及周五、周六24:00—03:00。若购买单程纸卡的话，高峰最低＄3.15，

最高＄6.9；低峰最低＄2.75，最高＄4.6。需要经常搭乘的旅客，建议去捷运站的售票处购买感应票卡 SmarTrip Card，每趟可再省＄1。

SmarTrip Card 可用于捷运、公交车与捷运站附设的停车场，每张＄10（当中包含＄8可用车资）或＄30（包含＄28可用车资），用完时可在车站的自动加值机储值。也有贩卖当日内可无限次搭乘的一日卡，每张＄14.5，有效期至购卡当天的最后一班车，隔日后可加值为一般 SmarTrip Card 使用。

至于4岁以下幼童则免费搭乘，每位已付车资的成人最多可携同2名幼童进站。

使用 SmarTrip Card 换乘于市区公交车与捷运之间，换乘车票为50¢，有效期为2小时内。比较特别的是，捷运橘、蓝、银线的 Farragut West 与捷运红线的 Farragut North 之间，现在可于30分钟内免费出站换乘，这样就不用再多坐2站到 Metro Center 换车。

🕐 周一至周四 05:00—24:00，周五

05:00—03:00，周六 07:00—03:00，周日 07:00—24:00

公交车 Metrobus

WMATA 的公交车路线有 325 条，一般公交车车票为 $1.75，快速巴士车资为 $4，使用现金或 SmarTrip Card 都是相同的价钱。公交车与公交车之间可于 2 小时内以 SmarTrip Card 免费换乘。另外，车上不会找零，如要使用现金搭乘，请先算好零钱再上车。

循环公交车 DC Circulator buses

华府循环公交车共有以下 6 条路线：国家广场（平日 07:00—20:00，周末 09:00—19:00，10 月至次年 3 月的平日至 19:00）、杜邦圆环—乔治敦—罗斯林（07:00—24:00，周五、六至 02:00）、乔治敦—联合车站（每日 07:00—21:00）、联合车站—海军码头（平日 06:00—21:00，周末 07:00—21:00，10 月至次年 3 月平日至 19:00，周末不行驶）、伍德利公园—亚当摩根—麦佛森广场（07:00—24:00，周五、周六至 03:30）、波多马克大道—Skyland（07:00—21:00，10 月至次年 3 月平日至 19:00，周末不行驶）。

每趟车资为 $1。若使用 SmarTrip Card 可于 2 小时内重复搭乘，并可换乘公交车与捷运。循环公交车与捷运之间的换乘费为 50¢，从循环公交车换乘公交车为 75¢，从公交车换乘循环公交车则免费。

🌐 dccirculator.com

● 开车

华盛顿特区的城市规划是在 18 世纪末时，由法裔建筑师朗方（Pierre Charles L'Enfant）参考巴黎街道而设计的，因此是以马车行驶为首要考虑的。换言之，华盛顿是一座非常不适合开车的城市，无尽的圆环加上放射状道路，就连 GPS 都会晕头转向。而且市中心内极难停车，有钱也找不到停车位，因此最好还是多多利用地铁。

如果你住在较远的地方，如马里兰州或弗吉尼亚州，建议把车停在郊区地铁站的停车场内，停车费可以用 SmarTrip Card 支付，周末时则开放免费停车。

● 观光行程

CitySights DC Hop-On Hop-Off bus tour

这辆双层露天的随上随下观光巴士共有 3 条路线：主路线为红线，行驶于联合车站与国家广场各景点之间；另外还有前往华盛顿国家座堂与乔治敦的黄线，及前往阿灵顿国家公墓与五角大厦的紫线。若购买 24 小时或 48 小时行程，这 3 条路线上的任一站点皆可随意上下车。

🏠 售票处位于 50 Massachusetts Ave NE（联合车站大厅）

☎ 202-650-5444

🕐 红线 09:00—17:00，每 20 分钟发一班车（周五、周六每 10 分钟发车）；黄线 09:00—16:00，每 30 分钟发一班车；紫线 10:00—17:00，每 30 分钟发一班车

¥ 24 小时：成人 $48，3~11 岁儿童 $27。48 小时：成人 $59，儿童 $29（官网购票可享 $15 折扣）

🌐 www.citysightsdc.com

❗ 车上有中文语音导览耳机

Potomac Riverboat Company

波多马克河游船公司推出多条游河路线，其中最热门的是 Washington by Water Monument Cruise。每日从乔治敦码头出发，前往亚历山德拉码头，沿途会经过华盛顿纪念碑、林肯纪念堂、杰弗逊纪念堂、肯尼迪表演艺术中心等，单程约 45 分钟。

🏠 从乔治敦码头出发

☎ 703-684-0580

◎ 出发时间每日不同，详细时刻请上官网查询

¥ 来回票：成人 $28，2~11 岁儿童 $16

🌐 www.potomacriverboat.com

● **优惠票券**

Washington DC Explorer Pass

Explorer Pass 是 由 SMART Destinations 发行的景点通票，在华府可以使用的景点与观光行程共有 9 个，根据所购买的卡种，可以从中任意挑选出 3 个或 5 个参观，无须事先设定要去哪些景点，当然，用在门票越贵的景点越划算。票卡有效期为 30 天，自第一次使用起开始计算。

Explorer Pass 可以在部分景点购买（位置详见官网），也可在官网上用信用卡购买。网上购买时，可选择以 E-mail 接收电子版，之后再打印出来，或于使用时直接出示行动装置上的页面；或选择以邮寄接收实体票卡，但只限于美国本土，且邮资另外计算。

☎ 1-800-887-9103

¥ 3 景点：成人 $59，7~12 岁儿童 $39.5 景点：成人 $89，儿童 $59

🌐 gowashingtondccard.com

● **旅游咨询**

华盛顿特区旅游局

☎ 202-789-7000、1-800-422-8644

🌐 washington.org

白宫游客中心

🏠 1450 Pennsylvania Ave NW

☎ 202-208-1631

国会大厦游客中心

🏠 E. Capitol St NE 与 1st St NE 路口

☎ 202-226-8000

◎ 08:30—16:30，周日公休

史密森尼学会游客中心

🏠 1000 Jefferson Dr SW

☎ 202-633-1000

◎ 每日 08:30—17:30

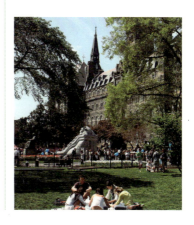

洛杉矶

🐾 洛杉矶概况

洛杉矶的名字，在西班牙语中是"众天使之城"的意思，不管在哪个时代，这里都是"加州梦"最亮眼的舞台。金矿、铁路、石油、阳光，洛杉矶在过去象征着不虞匮乏的财富与工作机会，或者更确切地说：希望。追梦的人们怀抱各自的理想，前赴后继来到这里，寻找心目中的应许之地。虽然不是每个人的美梦都能成真，但这并不能阻止越来越多的移民在此落地生根，终于让洛杉矶发展成美国仅次于纽约的第二大城。

而随着电影工业的蓬勃发展，洛杉矶的"加州梦"在本质上又起了变化，无数少年男女徘徊在好莱坞街头，绞尽脑汁地抛头露面，希望能被星探发掘，一跃而上大银幕。这座代表美国文化的电影重镇，无疑是大洛杉矶地区中最热闹的观光城市，所有人来到洛杉矶，都未能免俗地要去好莱坞走一遭。

👍 线路推荐

第一天： 自然历史博物馆—欧维拉街—洛杉矶历史古城区—小东京
第二天： 好莱坞白色标志—星光大道—中国戏院—好莱坞杜莎夫人蜡像馆—好莱坞博物馆
第三天： 好莱坞环球影城
第四天： 马里布—盖蒂艺术中心—盖蒂别墅

第一天

● 自然历史博物馆

🖥 位于加州科学中心旁 🏠 900 Exposition Blvd, LA, CA 90007 ☎ 213-763-3466 🕒 www.nhm.org ✈ 每月第一个周二免费（7、8 月除外），9 月每周二免费

这是美国西部最大的自然历史博物馆，馆藏超过 3500 万件标本、模型及工艺品，展出内容包括哺乳类动物的演化史、非洲和北美的哺乳类动物、鸟类、昆虫、贝壳、宝石与矿物等，同时也有加州发展史、古代南美原住民艺术等人文性主题。而这座博物馆近年来的重头大戏，就是 2011 年夏天开幕的恐龙厅，厅内收藏超过 300 种恐龙化石，其中包括 20 组完整的全身化石，不但比原先的恐龙馆大上两倍，陈列时所使用的科学技术也是目前世界上最先进的。游客可利用各种交互式的多媒体设施，学习关于恐龙的大小知识，或者单纯近距离观赏这些不可思议的庞然大物，想象亿万年前它们统治地球时的情景。

● 欧维拉街

欧维拉街以墨西哥街著称，是洛杉矶最古老的街道之一，名称来自洛杉矶郡的第一位法官奥古斯汀·欧维拉（Agustin Olvera）。这条街道在1930年重新翻修为现今的墨西哥市集，经常有音乐舞蹈表演及节庆装饰等活动举行。短短的红砖徒步区上，布满各式墨西哥商店和餐厅，不论是皮件、装饰品、民俗艺术品，或只是一般的小玩意儿，都相当具有墨西哥风味。欧维拉街前的小型广场上，也经常有小贩兜售墨西哥小点心，如糖南瓜、棕糖筒、西班牙油条，以及剥皮枇果、木瓜等热带水果，非常受到游客喜爱。

色波维达住屋（Sepulveda House）是洛杉矶古城唯一的维多利亚式建筑，现在则同时兼具展览、艺廊、礼品店等功能。色波维达住屋同时也呈现出洛杉矶在建筑和社会方面的转变过程：建筑外观如美式商业区，而阳台走廊和房间设计则反映了墨西哥样式；1楼的游客中心之前曾经作为药局和单车行，室内的装潢色调仍保留着许多当时的痕迹。

● 洛杉矶历史古城区

搭乘捷运红、紫、金、银线至 Union Station 站，从火车站正门出站；或 DASH 巴士 B 线至 Alameda St at Los Angeles St 站即达 以 Alameda St、Spring St、Arcadia St 和 Cesar E Chavez Ave 围绕的区域为主 预约导览：(213) 628-1274 www.elpueblo.lacity.org 周二至周六 10:00、11:00、12:00 有免费导览行程，集合地点在旧消防局隔壁的历史城区办公室，有兴趣的人可上网填写预约单，或打电话预约

在西班牙文中，"Pueblo" 乃是 "印第安村落" 的意思，而这里便是洛杉矶市的发源地。1781 年，一群西班牙移民者来到此地开垦，而后墨西哥脱离西班牙独立，于 1822 年将洛杉矶纳为墨西哥领土，直到美墨战争结束后，两国于 1848 年签订条约，上加利福尼亚才成为美国的第 31 个州。而后各国移民也纷纷在这里立足生根，洛杉矶古城遂成为文化熔炉的起源之地。

因此，这儿不仅是洛杉矶早期历史的写照，更是 1818—1826 年人民生活的最佳缩影。然而随着都市发展繁荣渐向南移，古城也逐渐被遗忘废弃，一直到 1926 年，保护古城运动在有心人士发起下获得广泛支持，欧维拉街于是辟为墨西哥式商场，1953 年更说服加州政府与洛杉矶市政府，将古城周边 17 万多平方米的范围划定为州立历史纪念地。历史城区由 27 栋具有历史意义的建筑组成，像是洛杉矶最古老的教堂、旧消防局、共济会会堂、色波维达住屋、电影院、阿维拉泥砖屋、欧维拉街和充满色彩的墨西哥市场等，洋溢着浓郁的异国风情。在历史城区一隅，还有间华美博物馆，展示内容以早期华人移民在美国的生活面貌及文化演变为主，值得一看。

● 小东京

🚇 搭乘捷运金线至 Little Tokyo / Arts District 站，或 DASH 巴士 A 线即达 🏠 大约在 1st St、Alameda St、4th St 和 San Pedro St 之间的区域 🌐 www.visitlittletokyo.com

这里是南加州最大的日侨和日裔美人聚居区，不论街头景观、餐厅店家、橱窗陈列、视听娱乐，还是往来行人，处处都充满日本风味。尤其 1st St 与 Central Ave 路口附近的日本村购物广场（Japanese Village Plaza Mall），街道两旁都是低矮的日式木造平房，有各式各样的日本商店、寿司店、居酒屋、御果子司、便利商店和面包店等，而商场入口处矗立的高架橹楼（Yagura Tower），也早已成了小东京的地标。在 San Pedro St 和 2nd St 路口不远处，有一条 Astronaut Ellison S. Onizuka Street，这是为了纪念日裔航天员埃利森鬼冢，他是首位被选入美国太空计划的日裔航天员，然而在 1986 年的挑战者号意外中，他不幸丧生，因而在此立碑纪念。位于航天员街的威勒广场（Weller Court）成立于 1970 年，餐厅、商店、银行、纪伊国屋书店、购物中心和百货商场松阪屋等陆续进驻，使这里成为日本移民的最爱。

🌿 收获

　　洛杉矶给人的第一印象是个四季洒满阳光的活力城市，市区除了商业大楼林立，也是个早期移民聚集之地，不但可以看到各自的民族特色，多样的各国传统美食也在此原汁原味地呈现。除了了解移民文化，还可以尝到多种异国美食，增长知识的同时还能大饱口福。

　　市中心是来此必游之地，联合车站一带是洛杉矶的发迹之地，今日被规划为历史古城区。古城区的欧维拉街是座热闹无比的墨西哥市场，贩卖各种墨西哥商品，还有地道的墨西哥餐厅。联合车站北边的中国城与南边的小东京，是早期亚裔族群聚居的特色街区，无论单纯散步还是参观博物馆，都足以花上一天时间。

第二天

● 好莱坞白色标志

位于 Mt. Lee 山顶上 www.hollywoodsign.org

好莱坞最经典的地标，莫过于远方山坡上巨大的 9 个英文字母"HOLLYWOOD"，每个字母高达 15.24 米，由薄金属板打造而成。这些字母竖立于 1923 年，最初的用意其实是为了替房地产"Hollywoodland"宣传广告，建案完成后，土地开发商并没有将字母拆除或加以管理，而是将它们弃置原地，任由风吹雨打，逐渐荒芜。在一次泥石流中，最后 4 个字母 LAND 遭受损毁，剩下的字母也摇摇欲坠。但这些字母早已是好莱坞历史的一部分，终于在 1978 年时，由好莱坞商会出面募款重修，成为举世闻名的景观。今日的白色标志不但是人们拍照的理想背景，似乎也在向我们述说着一个理念："所有魔法在这里都成为可能，所有梦想在这里都会实现！"

如果你想过爬上山去，到白色标志下方一探究竟，那么现在就告诉你，打消这个念头吧，因为山上是管制区域，闲杂人等是不被允许上山的。不过这里可以提供你两处观赏标志的好地方，一处是在好莱坞高地购物中心，从这里可以看到清楚的 HOLLYWOOD 大字；另一处在葛瑞菲斯天文台，距离更近一些，但角度稍微偏一些。

● 星光大道

🚇 搭乘捷运红线至 Hollywood / Highland 站即达

星光大道上的星星和中国戏院前的手印，都是让明星们名留千古的地方。星光大道的构想源自20世纪50年代，历经重重波折后，终于在1960年2月9日，为乔安妮·伍德沃德镶上了第一颗星星。在此之前，好莱坞商会早已选出1500多位名人，要将他们的名字刻在好莱坞大道两侧的人行道上，继伍德沃德之后，剩下的星星在1年半内铺设完成，范围绵延18个街区。尔后每个月，仍会增加1颗到2颗星星，截至目前，大道上的星星已有将近2500颗。

以古铜镶边的红色星形大理石，上面不但刻有人名，星星内的图案也有分类，例如录像机代表电影界，唱盘代表音乐界，收音麦克风代表广播界，电视机代表电视圈，戏剧面具代表舞台表演等，用以褒奖娱乐圈内各领域的杰出人员，及其所做出的贡献。

在星光大道上最大的乐趣就是沿途寻找自己熟悉的名字，然后在偶像的名字前拍张照片留念。你也会发现，有些名字的主人是卡通中的虚构人物，像是米老鼠与唐老鸭、辛普森家庭、史瑞克、小熊维尼、大鸟、邦尼兔等，甚至连哥斯拉都名列其中。而在大道上，也有许多穿着戏服道具、打扮成超级英雄的街头艺人，只要随意付一点小费，就可以和他们合照，也是这一带著名的街头风景。

另外值得一提的是，Hollywood Blvd 和 La Brea Ave 的交叉路口旁，矗立着一座银白色的亭台，四根角柱是身穿晚礼服的银幕女神雕像，象征世界演艺文化的融合。这四位代表人物分别为美国性感偶像梅·韦斯特、墨西哥裔女演员朵乐丝·德里奥、黑人女星多萝西·丹德里奇，以及华裔影星黄柳霜。

● 中国戏院

搭乘捷运红线至 Hollywood / Highland 站即达　6925 Hollywood Blvd, Hollywood, CA 90028　323-461-3331　www.chinesetheatres.com　每日均有多梯导览，可上网购票，成人＄14.5、3~12 岁儿童＄7.5、65 岁以上老人＄12.5

中国戏院开幕于 1927 年 5 月，当时首演的电影是由戴米尔执导的《万王之王》（The King of Kings），从那时候起，好莱坞每有强片推出，多数都在这里举行首映。

戏院外观有着夸张的檐角和巨柱，21 米高的青铜色屋瓦直入天际，门口还有两只石狮坐镇，标准的西式东方印象。然而专程来这里看电影的人只占了少数，大部分游客还是冲着戏院前庭水泥地面上的明星手印而来。这些手印大多由在此进行首映会的明星或导演所留下，其他则是每年度具有特殊意义的娱乐界人物。戏院每次举行名人的手印仪式，都是好莱坞大道上的盛会，观礼人潮摩肩接踵，争着一睹巨星风采。

这些手印的由来，背后也有许多有趣的故事，其中最广为流传的版本，就是当时的哑剧影星诺玛·塔尔梅奇在参观中国戏院工地时，不小心一脚踩在未干的水泥地上，戏院老板席德·格鲁曼看到后灵机一动，便想出了这个点子。第一面纪念手印是在戏院开幕前，由席德合伙人玛莉·皮克福与道格拉斯·费尔班克斯这对明星夫妻档所留下，而第二面手印则是由诺玛·塔尔梅奇盖印于戏院剪彩当天。80 多年来，这里已累积了 200 多组手印泥砖，只要是在好莱坞闯出名堂的，几乎都在这里留手印了。

除了一般的手印和脚印外，还有几面另类的纪念印也相当有趣，以大鼻子闻名的吉米·杜兰则留下鼻印，而唐老鸭也留下了可爱的鸭脚印。

● 好莱坞杜莎夫人蜡像馆

搭乘捷运红线至 Hollywood / Highland 站即达 6933 Hollywood Blvd, Hollywood, CA 90028 323-798-1670 每日 10:00 起，休馆时间不定，平日约至 19:00 或 20:00，周末约至 20:00 或 22:00 成人 $29.95，4~12 岁儿童 $22.95 www. madametussaudsla.com 在官网上购票可享 6~7.5 折优惠

在世界主要观光城市的观光区域，经常都能看到杜莎夫人蜡像馆，但不知道是不是因为距离明星本人比较近的缘故，总觉得好莱坞的这间做得特别逼真。秉持杜莎夫人蜡像馆一贯的布展作风，这里除了紧贴最新娱乐焦点外，还想方设法增加展品与游客之间的互动性，让人在赞叹蜡像惟妙惟肖的同时，也仿佛真实走进明星世界。

沿着红地毯走进馆内，迎面而来的就是一群 A 咖在举行派对，游客可以踏上舞台和碧昂丝、史努比狗狗同台献技，或是静静坐在一旁与乔治·克鲁尼品尝美酒，同时出席的还有威尔·史密斯、茱莉娅·罗伯茨、布拉德·皮特、安吉丽娜·朱莉等明星。

离开派对后，立刻进入好莱坞经典场景，游客最喜欢做的事就是坐在奥黛丽·赫本身旁享用蒂凡尼早餐，以及跨上骆驼与阿拉伯的劳伦斯合照，为这些黄金时代的名片增加新角色。

其他展厅也都各有主题，例如西部片、黑帮电影、现代经典、动作英雄、大师导演、体育明星等，穿梭其中，等于重温好莱坞数十年来的传奇故事，而这故事还在延续下去，每几个月就有新的明星蜡像出来亮相。而在出口前的最后一间展厅，馆方安排了一场奥斯卡颁奖典礼，近几年得奖的最佳男女主角，全都盛装出席，以这电影界的最高荣誉，感谢影迷们对好莱坞电影的支持。

● 好莱坞博物馆

🚇 搭乘捷运红线至 Hollywood / Highland 站即达　🏠 1660 N. Highland Ave, Hollywood, CA 90028　☎ 323-464-7776　🕐 10:00—17:00　周一、周二公休　🌐 www.thehollywoodmuseum.com

好莱坞自 1911 年第一间电影工作室成立起，便在世界电影史上开启了崭新的一页，其兴盛、辉煌与转型，都由这间博物馆全程记录着。想要了解好莱坞的过去与现在，或对经典电影背后的故事感到好奇，那么就一定要到这里走走。博物馆里收藏了超过 5000 件珍贵的电影宝物，像是原版的电影海报、真正在电影中出现过的道具及布景、电影主角穿过的戏服等，而这里也拥有世界上最多的玛丽莲·梦露收藏品。博物馆的地下室则是间阴森的地窖，展示历年对恐怖片的喜好变迁，地窖中还有个特别诡异的房间，或许你会觉得有点眼熟，因为那便是《沉默的羔羊》中的场景。

🌿 收获

好莱坞发达的电影工业带动了这一区独特的繁荣景象。除了是游客探寻星光的最佳地点，好莱坞大道的周围更是观光客聚集闲逛的主要地区。

来到莱坞街头，一定要跟远方山上的"HOLLYWOOD"白色标志合影，这经典的白色标志不但是人们拍照的理想背景，也是好莱坞的地标。接着到星光大道和中国戏院寻找自己喜欢的明星，跟他们的星星、手印合影。而走进杜莎夫人蜡像馆，更可以与明星展品互动，仿佛真的走进明星世界。

追星之余，更棒的是，在这个距离电影工业最近的地方，有着最能了解、体会大屏幕背后的世界的机会，可以安排到好莱坞博物馆里认识好莱坞的过往，博物馆里收藏了超过 5000 件珍贵的电影宝物。自 1911 年第一间电影工作室成立起，好莱坞的兴盛、辉煌与转型，都由这间博物馆全程记录着。

第三天

● 好莱坞环球影城

🏠 100 Universal City Plaza, Universal City, CA 91608 🕐 每日不同，平日约 10:00—19:00，假日约 09:00—20:00，夏季每日约 08:00—23:00。当日确切时间，请上官网查询 🖥 www.universalstudioshollywood.com 🛏 住宿：Hilton Universal City、Sheraton Universal Hotel、Beverly Garland Holiday Inn

好莱坞环球影城门票票价	成人	3~9岁儿童
当日门票（平日）	$95-100	$89-94
当日门票（周末及夏季）	$105	$99
预购弹性日期门票	$115	$109
免排队一日票（Front of Line）	平日 $199-219，周末 $229	
夏季免排队一日票	$239	
VIP体验	$359-399	

　　好莱坞几乎是美国电影工业的同义词，远在 1915 年的默片时代，环球业便开始在这里提供收费的片厂参观行程，满足当时人们对电影制作的好奇心。时至今日，好莱坞环球影城已成为全世界最大的电影、电视制片厂与主题公园，广大的园区分成上园区与下园区，两园区间有电扶梯与接驳车相连接。园方精心规划了许多与影片制作相关的行程与设施，游客不仅可以在这里参观知名影视剧的制作过程与场景，一窥幕后的真实与虚幻，还可以亲身体验融入经典电影元素的各项娱乐设施，身临其境地感受好莱坞的非凡魔力。

　　从洛杉矶市区开车，走 US-101 N，在 11B 出口（往 Universal Studios Bl）下交流道，顺着蓝色的 Universal City 与 Parking 指示牌走，即达停车场。17:00 前停车费为 $18，17:00 后为 $10（若停在正门停车场，则会更贵）。没有开车的人，可搭乘捷运红

线至 Universal City 站，每日 07:00 至关园后 2 小时，每 10~15 分钟一班接驳车，直达影城门口。

上园区

●哈利·波特的魔法世界 The Wizarding World of Harry Potter

千呼万唤之下，好莱坞环球影城的哈利·波特魔法世界终于在 2016 年 4 月正式迎接游客了！这座新园区完整打造出系列电影中的霍格沃茨魔法学校（Hogwarts）与活米村（Hogsmeade），从建筑、道具、影像，到商店里贩卖的纪念品（最热门的是会挑选主人的魔杖）与餐厅供应的餐点，电影中的每一个细节都在这里"活生生"地呈现出来，每一处角落都潜藏着令众麻瓜们讶异的惊喜。最热门的游乐设施是霍格沃茨城堡内的"哈利·波特禁忌之旅"（Harry Potter and the Forbidden

Journey），这和变形金刚有点类似，但场景换成了学校上空的魁地奇大赛，游客仿佛跟着哈利·波特跨上光轮 2000 飞天扫帚，在高速飞行中躲避火龙的攻击，并遇见许多不可思议的魔法生物。虽然或许有些人已经在大阪玩过这项设施了，但好莱坞的禁忌之旅拥有更先进的技术与更高的 3D 画质，感受自然更加过瘾。而在排队过程中，也会穿过邓不利多的办公室、黑魔法防御教室等重要情节场景，简直就像来了趟霍格沃茨导览之旅。

至于另一项游乐设施"鹰马的飞行"（Flight of the Hippogriff）则是户外实体的轨道云霄飞车，由奇兽饲育学教授海格来教导大家如何驾驭这种奇妙的生物。

●片厂行程 Studio Tour

片厂行程乘坐小巴游走在 1 万多

平方米的片厂布景中，车上配备 HD 高画质屏幕，由《今夜秀》主持人吉米·法伦担任解说员。沿途经过由彼得·杰克逊执导的《金刚》360 度 3D 场景、希区柯克经典《惊魂记》中的"贝茨旅馆"，其他还有《世界大战》《欲望师奶》等片中的布景及道具等。

◎ 金刚 3D King Kong 360 3-D

《金刚》由知名导演彼得·杰克逊打造，曾经得到国际 3D 协会与视觉效果协会的最佳视觉效果奖。特殊的屏幕效果让游客仿佛夹在金刚与恐龙之间，当它们激烈地打斗起来时，好像直接朝着观众挥拳或扑咬，高明的特效让人格外觉得惊心动魄。

◎ 玩命关头 Fast & Furious-Supercharged

继《金刚》3D 版之后，环球影城于 2016 年夏天又为片厂行程增添了新项目。试想看看，说起竞速刺激，有什么电影会比《速度与激情》更适合做成游乐设施呢？于是就在 360 度环形屏幕加上 3D-HD 高画质技术的引领下，游客也跟着唐老大、路克·哈柏、莱蒂等主要角色，展开一场时速 200 千米的飙风追逐。

● 辛普森一家 The Simpsons Ride

如果你是卡通辛普森家庭的粉丝，那么绝不能错过这里。荷马、玛姬、巴特、丽莎和麦姬一家五口，以及春田镇的乡亲父老都会出现在场景中。辛普森家庭是 4D 的虚拟云霄飞车，立体眼镜加上剧烈晃动的车厢，让游客恍如跟着列车疾驶在失控乐园的轨道上，而幽默无厘头的剧情，更是让人笑声不断。

● 神偷奶爸 Despicable Me Minion Mayhem

这个 2014 年的全新游乐项目集幽默、刺激、可爱于一体，包含一座

3D 动感云霄飞车与以电影中码头公园为原型的超级淘气乐园。游客还有机会走进格鲁的大房子，一起接受成为小小兵的特训。

●史莱克 4D 影院 Shrek 4-D

史莱克 4D 影院利用特殊的椅子、道具和设备，打造出让观众有如置身在童话王国中的效果，像是当驴子打喷嚏时，喷雾器会朝着观众脸上喷出水汽等。而会震动的椅子也让观众跟着画面一同上上下下，十分有趣。

●水世界剧场 WaterWorld

水世界剧场场面浩大，演出内容取材自同名电影中的水上战争，特技演员的表演十分精彩，爆破场面也相当壮观。剧中狂飙水上摩托车的桥段，以及最后飞机从天而降的场面都令人印象深刻，坐在前排的观众还有机会与剧中演员进行一些互动游戏。

下园区

●变形金刚 3D Transformers: The Ride-3D

随着视听科技愈发进步，人们被好莱坞惯坏了胃口，对刺激的感官要求也越来越高。位居好莱坞龙头地位的环球影业当然最清楚这一点，率先于 2012 年推出这项革命性的游乐设施。这是将云霄飞车结合 4D 投影屏幕技术的跨时代杰作，光是想到坐云霄飞车时还要戴上 3D 立体眼镜，就足以让人兴奋不已。其实变形金刚的实体轨道并不算长，也没有太多翻转起伏，然而因为轨道车穿行于数个全幕大型放映室间，立体声光特效配合激烈晃动的座椅，在感官上制造出了飞天遁地的超速刺激。于是游客从压下安全杆的那一刻起，便身临其境地卷入狂博两派的枪林弹雨中，在毁天灭地、惊险万状的战场上，不断遭受各种攻击，当然，也总在千钧一发之际顺利获救。当轨道车抵达终点，每个人都露出不可思议的神情，大家心知肚明："回不去了！"坐过了变形金刚，此后其他云霄飞车恐怕都会显得索然无趣。

●木乃伊的复仇 Revenge of the Mummy-The Ride

进入古墓之内，坐上木乃伊的复

仇列车，在一片漆黑中开始探险。忽上忽下、忽左忽右，甚至还会倒退的列车行进方向让人捉摸不定，在伸手不见五指的黑暗中使人心惊肉跳，不时还有古埃及的木乃伊从四面八方跳出来吓唬游客。要想考验自己的胆子有多大，不妨来这里试试。

● **侏罗纪公园 Jurassic Park-The Ride**

当这辆水上的轨道列车启动后，还没来得及看清楚，就有一只巨大的恐龙迎面扑击而来！接下来虎视眈眈的暴龙也来掺一脚。在这里，人类成了恐龙捕捉的对象，将近6分钟的行程中，绝无冷场地穿梭在恐龙的世界。而最后的高潮便是列车爬升到25米的高处，然后急速冲向水面，想弄湿一点，请坐在第一排。

● **环球市大道 Universal CityWalk**

环球市大道里有电影院、餐厅、咖啡厅、酒吧、服饰店、礼品店及其他各种商店，游客在进入影城前会先经过这处热闹的徒步区。两旁的商店林立着充满美式风格的巨大夸张招牌，动辄两三层楼高的大猩猩、大吉他等招牌，是游客最爱的拍照背景。环球市大道不用购票即可进入，无论是进园游玩的旅客，还是纯粹想来逛街血拼、吃饭喝酒的人，这里都能满足他们的需求。

● **收获**

好莱坞环球影城占地面积1.7平方千米，是世界上最大的电影、电视制片厂，以及运用电影拍摄题材的主题公园。想要充分游览环球影城，最好空出整整一天的时间，才能玩得尽兴。另外，园方备有中文版导览地图，上面有当日各项表演以及游乐项目的演出和开放时间等信息，别忘了索取。到洛杉矶当然必去好莱坞环球影城，准备好跟孩子一同到乐园里狂欢，留下欢乐美好的纪念吧！

第四天

● 马里布

从市区方向走 I-10 W，到圣塔摩尼卡后，公路变成 Pacific Coast Hwy（CA-1），再往北开约 19 千米即达，靠近潟湖海滩的路旁皆有停车场。也可搭乘捷运博览线至 Downtown Santa Monica 站，出站后沿 Colorado Ave 往海滩走，于 Ocean Ave 路口换乘 534 路公交车至 Pacific Coast Hwy / Malibu Pier 站即达

马里布的海滩长达 43 千米，是加州最美丽的海岸线之一，因此打从好莱坞的黄金时代起，这里就连绵着一线大明星们的豪宅。目前定居于此的名人包括莱昂纳多·迪卡普里奥、奥兹·奥斯朋、亚当·桑德勒、布鲁斯·威利斯、约翰·库萨克等，想瞧瞧这些人的家宅，可以参加 Star Line 公司的明星之家旅行团推出的马里布路线。

然而，马里布一举成名的主要原因，有很大一部分其实是来自这里的浪高。长久以来，马里布潟湖海滩（Malibu Lagoon State Beach）便被公认为南加州的冲浪天堂，如果你也是个中同好，记得带上你的装备。不想下水的人，则可以在规划良好的海边步道上慢跑或骑单车。

● 盖蒂艺术中心

建议开车前往。从市区方向走 I-405 N，在 59 出口（Getty Center Dr）下交流道，依指示走即达。也可搭乘捷运紫线至 Wilshire / Western 站，换乘 20、720 路公交车至 Wilshire / Westwood 站，再换乘 761 路公交车至 Sepulveda / Getty Center 站即达。或捷运红线至 Vermont / Sunset 站，换乘 2、302 路公交车至 Hilgard / Westholme 站，再换乘 761 路公交车 🏠 1200 Getty Center Dr, Los Angeles, CA 90049 ☎ 310-440-7300 🕙 10:00—17:30（周六至 21:00），周一公休

石油大亨保罗·盖蒂去世时，留下一笔庞大遗产，于是在盖蒂信托基金会的积极运作下，买下圣塔摩尼卡山脉丘陵上的土地，并在众多设计案中选出知名建筑师理查德·梅尔的蓝图，于 1990 年开始兴建艺术中心。1997 年艺术中心完工后，不但成为洛杉矶的必游景点，也为国际博物馆界增添了一颗闪耀新星，因为这里不但收藏丰富，而且展出的都是掷地有声的伟大杰作，馆藏远远超出一般私人博物馆。

由于建在山丘上，从停车场到大厅前的广场必须先搭乘 5 分钟的免费电车，沿途可鸟瞰市景和公路上穿梭的车潮。这座"白色小城"的入口，是座直径 23 米、挑高 3 层楼的大厅，大厅后方是被展馆包围的中庭，设计师梅尔与景观建筑师罗瑞·欧林透过匠心独运的巧思，利用喷泉、流水、植物、奇石，搭配建筑物与天空对比而成的线条，营造出处处都是画面的景观效果。

博物馆的展示空间为 6 栋相连的建筑物，北馆展示 16 世纪之前的宗教艺术及文艺复兴时期的名画，东馆和南馆则收藏 17、18 世纪的绘画、雕刻及装饰艺术作品；而西馆更是许多参观者的心之所好，印象派的重要大师杰作这里几乎齐全了，像是莫奈的《日出·印象》、凡·高的《鸢尾花》、马奈的《插满旗帜的莫斯尼尔街》、塞尚的《桌旁的意大利少妇》等，其他如高更、德加、毕沙罗等人，也都有多幅画作陈列。

展厅屋顶利用计算机调节自然天光，营造柔和的光线，烘托出艺术品的原色质感，这也是梅尔的一大创意。而淡褐色的粗面石灰华，则是梅尔选择的外观建材，所要呈现的概念是"石材象征永恒"，刻意以粗糙的质地表现，与整体环境互相呼应。同时，也别忘了到庭园露台咖啡亭坐坐，从这里可以欣赏由园林造景师罗伯厄文创作的"中央花园"。他受到加州和古代地中海花园启发，将园区造景和大自然融合，并在中心安排一道人工瀑布和用 400 株杜鹃花建构的迷宫。站在花园眺望台上，既能欣赏洛杉矶的辽阔市景，也能从另一种角度观看盖蒂艺术中心。

● 盖蒂别墅

🚗 建议开车前往。从圣塔摩尼卡往 Malibu 的方向再开约 8 千米，即可在右手边看到入口。也可在圣塔摩尼卡搭乘 534 路公交车至 Pacific Coast Hwy / Coastline 站即达 🏠 17985 Pacific Coast Hwy, Pacific Palisades, CA, 90272 ☎ 310-440-7300 🕙 10:00—17:00，周二公休 💻 www.getty.edu ❗ 前往参观前，需先上官网领取免费预约门票

保罗·盖蒂在经营产业之余，也是位艺术收藏爱好者，早在 1954 年便开了间艺廊用以展示其战利品。随着艺廊空间不敷使用，盖蒂决定盖一间真正的博物馆。可惜盖蒂别墅于 1976 年完工后，盖蒂没能亲自验收，即在两年后逝世。这里专门收藏古希腊、古罗马与伊特鲁里亚文化的古物，年代横跨公元前 6500 年至公元 400 年，著名馆藏不计其数，其中的《兰斯当的赫尔克里士》（Lansdowne Heracles）被视为罗马时代仿制古希腊塑像的代表性作品，而《获胜的青年》（Victorious Youth）则被早期学者认定出自伟大的希腊雕刻家留西波斯（Lysippos）之手。其他如刻有阿喀琉斯生活场景的石棺、古希腊雅典运动会的奖杯、距今有 4000 多年历史的基克拉泽斯文明（Cycladic）雕像等，也都值得一看。

至于博物馆本身则是仿建古罗马的帕比里别墅（Villa dei Papiri），那是恺撒岳父的宅邸，与庞贝城一同毁于维苏威火山。别墅最有名的景致是中央有着狭长水池的列柱廊中庭，中庭里布置着许多罗马雕像，附近还有一座香草花园与有 450 个座位的希腊式剧场，常有夜间表演在此演出。

收获

　　跟纽约大都会比起来，洛杉矶的腹地相当广阔，容得下许多大型建筑计划，例如走精致艺术路线的盖蒂艺术中心和盖蒂别墅，不仅是华丽的仿古代建筑，内部的展示品也相当值得参观。另外，多数人到洛杉矶就是想体验在终年阳光普照的海滩城市度假，并享受户外活动。所以早上先带孩子到海边玩耍，前往三大海滩之一——位于最北边的马里布。除了玩水冲浪，也可以在规划良好的海边步道散步、慢跑。接着到邻近的盖蒂艺术中心与盖蒂别墅，盖蒂艺术中心是美国西岸首屈一指的美术馆，收藏不但丰富，而且掷地有声，尤其以印象派诸名家的画作最受关注，而建筑本身也是当代经典。盖蒂别墅同样有丰富馆藏，值得一去。

美国
亲子游

洛杉矶吃住行

吃

● Bottega Louie

这家是近年来炙手可热的意大利餐厅及甜点铺。宽阔的店面内还有间专卖高级食材的市场。

🏠 700 S. Grand Ave, LA, CA 90017

☎ 213- 802-1470

● Eggslut

除了招牌的 slut，这里也有香气四溢的三明治，最多人推荐的口味是 Gaucho 与 Fairfax。

🏠 317 S. Broadway, LA, CA 90013（大中央市场内）

● Roscoe's House of Chicken & Waffles

这里卖的是南方的 Soul Food，招牌是炸鸡配松饼，这两种看似不相干的食物，搭配着吃竟是如此天造地设的一对！一甜一咸的口感，让炸鸡与松饼的味觉体验同时升级。

🏠 1514 N. Gower St, LA, CA 90028

☎ 323-466-7453

● Philippe the Original

这家拥有百年历史的三明治店，正是法兰西肉汁三明治的发源地。此外，这里的沙拉也非常有名，建议用来和三明治搭配。

🏠 1001 N. Alameda St, LA, CA 90012

☎ 213-628-3781

● Umami Burger

该店强调料里的鲜味。店内有不少汉堡都受到了亚洲料理启发，众多口味都可说是创举。

🏠 500 Broadway, Santa Monica, CA 90401

☎ 310-451-1300

● Slater's 50/50

该店特色为以 50% 培根绞肉与 50% 牛绞肉混合成的新型态汉堡肉。培根使汉堡比纯牛肉汉堡更香，再加上半熟太阳蛋，流出的蛋汁更让汉堡香味逼人。手工精酿啤酒也是其强项。

🏠 61 N. Raymond Ave, Pasadena, CA 91103

☎ 626-765-9700

● Barney's Beanery

这里的餐点以美式为主，店内弹子台机等游戏机一应俱全，在球季季后赛时特别热闹。

🏠 8447 Santa Monica Blvd, West Hollywood, CA 90069

☎ 323-654-2287

● Geoffrey's Malibu

这里的料理以海鲜为主，食材新鲜，酱汁也烹调得很精致，与美丽的海景十分相衬。

🏠 27400 Pacific Coast Hwy, Malibu, CA 90265

☎ 310-457-1519

🛏️ 住

● Hilton Los Angeles / Universal City Hotel

环球市的希尔顿大饭店正对着环球影城与影商店街，距离好莱坞也不远，娱乐机能爆表。而酒店的设备都是高规格，服务人员也适应国际化需求，能通中文等多国语言。

🏠 555 Universal Hollywood Dr, Universal City, CA 91608
☎ 818-506-2500

● The Ritz Carlton Los Angeles

这栋高耸入云的五星级酒店只有 123 间客房，可见其房间面积之大。在 26 楼还有一座室外露天泳池，游泳的同时，还能欣赏洛杉矶的山海景色。

🏠 900 W. Olympic Blvd, Los Angeles, CA 90015
☎ 213-743-8800

● JW Marriott Los Angeles L.A. LIVE

878 间客房提供舒适的住宿环境与个人化的服务。

🏠 900 W. Olympic Blvd, Los Angeles, CA 90015
☎ 213-765-8600

● Luxe City Center

各方面的设备齐全，床具亦极为舒适。走出酒店，对面就是活力洛城，娱乐机能良好。

🏠 1020 S. Figueroa St, Los Angeles, CA 90015
☎ (213) 748-1291

● Quality Inn & Suites Montebello

距离洛杉矶 30 分钟左右车程，饭店设计融合了东西方风格。

🏠 7709 Telegraph Rd, Montebello, CA 90640
☎ 323-724-1400

🚗 行

● 捷运系统 Metro Rail

洛杉矶捷运系统包括 4 条轻轨、2 条地铁和 2 条快速公交车路线，虽然路线无法涵盖整个大洛杉矶地区，想以捷运当作主要交通工具可能略显不足，但若要前往市中心、好莱坞、中国城、圣塔摩尼卡、长滩市、帕萨迪纳等闹区景点，搭乘捷运不但非常方便，还可省下找停车位的麻烦。

车票在车站或月台上的自动售票机购买，Metro 的车票 TAP Card 为感应式的磁卡，第一次购买时会被收取卡片本身的费用 $1，车票每趟 $1.75（银线 $2.5），余额用完可以再储值。也可视行程或使用需求，购买 $7 的一日票或 $25 的 7 日票，可在有效期内无限次数搭乘捷运与市区公交车（有效期自第一次使用起至到期隔日凌晨 03:00）。

使用一般的 TAP Card，也可于 2 小时内免费换乘其他捷运系统及市区公交车，但若要换乘银线捷运或快速巴士，则会被收取其他附加费用。

虽然部分捷运车站是开放式闸门，但千万不要抱着侥幸心理逃票，因为被查票员抓到的话，不但会被罚上最高＄250的罚款，还要参加48小时社区劳动服务。

洛杉矶郡都会运输局

🏠 metro.net

● 市区巴士 Metro Bus

在捷运未及的地方，可利用市区巴士前往，由于洛杉矶的马路大多呈棋盘状，主要大路上的公交车路线少有转弯，因此对于出了捷运站后想少走几步路的游客来说，十分方便。

洛杉矶市区巴士共有将近200条路线：号码在100以内者，为行驶在市中心的市区公交车；100~199为行驶在市中心之外的东西向路线；200~299为行驶在市中心之外的南北向路线；300~399为只停靠部分站牌的公交车。以上路线都是在市区主要道路上行驶的市区公交车（local bus），车身漆成橘色。400~599为开上高速公路的快速公交车（express bus），车身漆成蓝色；4开头者的行驶范围只在市中心，5开头者则行驶在市中心以外。600~699是为了特定设施或活动而加开的接驳公交车。700~799为比快速公交车更快捷、停靠站牌更少的高速公交车（rapid bus），车身漆成红色。

市区巴士单程票价为＄1.75，可感应TAP Card或上车投钱，要注意的是，公交车上并不找零，务必在上车前先备妥零钱。另外，搭乘行驶在高速公路上的快速公交车，除了基本车资＄1.75外，还要再加＄0.7~1.4的附加费用。

市中心短程巴士 DASH

游览市中心，DASH是很便利的交通工具，路线繁多、较常被游客利用的为行驶在市中心的5条循环路线。DASH的单程票价为50¢，4岁以下幼儿免费，要注意的是，DASH和Metro由两个不同的单位经营，其TAP票卡无法共享。

洛杉矶交通局 LADOT

🏠 www.ladottransit.com/dash

● 开车

洛杉矶地区幅员辽阔，要前往各个城市或观光景点，开车还是最自由的方式。洛杉矶郡境内没有收费的高速公路，但橘郡东部及南部的省道CA-241、CA-261、CA-73及部分的CA-133则为收费道路。若要搭Metro进城，郊区的车站大多附有停车场，且部分为免费停车，可多加利用。

● 观光巴士

CitySightseeing Hop-On Hop-Off

这是由Starline经营的随上随下的露天双层观光巴士，共有6条路线串联：紫线连接好莱坞与市中心的诸景点；红线连接好莱坞、洛杉矶西区及比佛利山；黄线从比佛利山开往圣塔摩尼卡；绿线从圣塔摩尼卡开往威尼斯海滩；橘线则连接威尼斯游艇港与洛杉矶国际机场。另外还有一条蓝线往来于好莱坞、好莱坞露天剧场和环球影城之间。

车票可在好莱坞中国戏院前的售票亭或是直接上车向司机购买，不过这里建议最好还是在官网上购票，因为不但方便，而且享有折扣优惠。凭车票可在 6 条路线上的任一站点上下车，由于站点涵盖大部分观光景点，不想租车或搭乘大众运输的人，可考虑利用这辆观光巴士当作移动的交通工具。值得一提的是，巴士上自 2014 年起，新增了中文耳机语音导览，对想要充分了解洛杉矶这座城市的中国游客而言，非常方便。

☎ 323-580-6155
💲 成人 $49，儿童 $30。48 小时：成人 $64，儿童 $40。72 小时：成人 $79，儿童 $50
🌐 www.starlinetours.com

● **优惠票券**

Southern California CityPASS

这本通票适用于南加州三大游乐园，包括迪斯尼乐园与迪斯尼加州探险乐园的 3 日票（含 Magic Morning 门票）、圣地亚哥海洋世界门票、加州乐高乐园门票。另外，在网络上还可加价购买含圣地亚哥动物园或野生动物园的 Plus 票种。

通行证可在上述各景点现场购买，也可在网站上使用信用卡预购，将稍后发送到 E-mail 信箱的购买凭证打印下来，至第一个参观的景点换取实体票券即可。网站购买者需于 6 个月内换取实体票券；票券有效期为 14 天，自第一张票券使用起计算。

💲 成人 $341，3~9 岁儿童 $311
🌐 www.citypass.com/southern-

california

Go Los Angeles Card

这张卡可用于杭廷顿图书馆、爱荷华号战舰、格莱美博物馆、杜莎夫人蜡像馆、六旗魔幻山、纳氏草莓园、乐高乐园等 30 个景点或导览行程，有效期自启用起开始计算，去的地方越多越划算。Go Card 可在官网上购买，将票券打印下来或直接在手机屏幕上出示皆可。

💲 1 日卡 $79，2 日卡 $125，3 日卡 $199，5 日卡 $259，7 日卡 $299。3~12 岁儿童：1 日卡 $72，2 日卡 $105，3 日卡 $178，5 日卡 $225，7 日卡 $265
🌐 www.smartdestinations.com

● **旅游咨询**

洛杉矶旅游局

🌐 www.discoverlosangeles.com

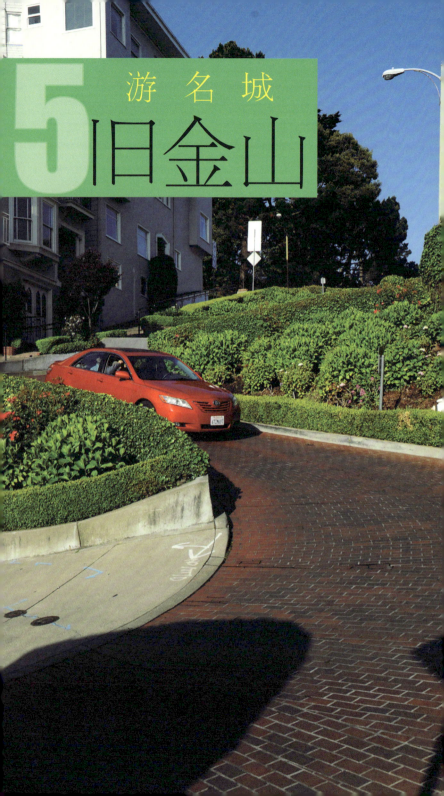

5 旧金山

游 名 城

🌸 旧金山概况

自 1849 年引发"淘金热",旧金山不知道吸引了多少怀抱致富梦想的人前来,其中多为大胆的冒险者与狡狯的投机客。或许正因如此,打从一开始,旧金山就被注入了放荡不羁的性格。"淘金热"引发的移民潮与开放的社会风气,使这座城市的街景呈现多样风貌,如嬉皮区、日本城、唐人街。逛渔人码头、乘船观光也是认识这座城市的好方法。金门大桥更是到此地游玩所不能错过的城市象征。

👍 线路推荐

第一天: 恶魔岛—渔人码头—39 号码头
第二天: 海湾水族馆—蓝金号游船与红白号游船—潘帕尼多号潜艇博物馆
第三天: 北滩—唐人街—联合广场—诺布山—旧金山电缆车(电缆车博物馆)
第四天: 金门公园—加州科学院—笛洋博物馆—日本茶园
第五天: 艺术宫—迪斯尼家族博物馆—金门大桥—索萨利托—缪尔红杉保护区

第一天

● 恶魔岛

搭乘轻轨电车 F 线，至 The Embarcadero & Bay St 站下车，在 31 号码头与 33 号码头两栋建筑物之间，便是 Alcatraz Landing 入口，在那里买票搭船去恶魔岛 (415) 981-7625 每日 08:45 发第一班船，09:00—13:35，约 30 分钟一班，船程约 15 分钟。上岛后记得先在码头查看回程班次，以便安排游览时间。至于夜间行程，则是每日 15:50 出发，18:40 返航 日间行程：成人 $31、5~11 岁儿童 $19.25、62 岁以上老人 $29.25。夜间行程：成人 $38、12~17 岁 $37、5~11 岁儿童 $22.75、62 岁以上老人 $35.25。建议事先在网上预订船票 www.alcatrazcruises.com

在人类到来之前，岛上的居民就只有鹈鹕，所以恶魔岛原文的名称 "Alcatraz" 其实是取自西班牙语中 "鹈鹕" 的意思。而之所以被中译为恶魔岛，大概是因为后来住在岛上的都是些穷凶极恶的罪犯吧。小岛最初于 1850 年被兴建为要塞，并在美西战争期间用来关押战犯。1934 年，这里被改建为联邦监狱，专门收容最恶名昭著的重刑犯。

恶魔岛距离旧金山只有不到 2000 米，从部分囚房窗外就能看到繁华的市景，近在眼前的自由恐怕才是对犯人最严厉的惩罚。1996 年经典动作片《勇闯夺命岛》中，肖恩·康纳利号称是唯一逃出恶魔岛的人。但其实在官方记录中，未曾有过成功越狱的记录。冰冷汹涌的海水是恶魔岛最后的屏障，要在暗夜中游泳横渡绝无活命可能。

不过高昂的运作成本也让政府无力负担，终于在 1963 年关闭了监狱。今日恶魔岛由国家公园管理处接管，隶属金门国家休闲区的一部分。游客来到岛上，入口处会发放有中文解说的语音导览耳机。昔日的牢房、大食堂、伙房、探视处、监控室与操场等均可参观，有些牢房也大开房门，让游客进去体验囹圄滋味。

● 渔人码头

🚇 搭乘轻轨电车 F 线，至 Jefferson St & Taylor St 站下车即达。或搭乘电缆车 Powell-Hyde 线与 Powell-Mason 线，往北坐到终点站即达 🌐 www.visitfishermanswharf.com

渔人码头最初只是个渔民出海捕鱼的普通港口。但由于这一带海域盛产滋味鲜美的螃蟹、大虾与枪乌贼，总会吸引一些好奇民众去观看渔货，甚至向渔民们购买。后来，渔民们干脆在码头边设立摊贩，料理起了现捞海鲜，于是才逐渐形成渔人码头一景。而广场上竖立的以船舵和螃蟹为造型的圆形招牌，如今成了渔人码头最为人所知的地标。

在众多海鲜料理中，首推堪称渔人码头象征的丹金尼斯大螃蟹（Dungeness Crab），来到这儿一定得品尝一下这道美食。另一道经典是奶油蛤蜊浓汤（Clam Chowder），其装盛的容器用的是本地著名的酸面包（Sourdough Bread），同样令人回味无穷。

除了品尝美食，这个地区也挤满了纪念品店、古董芝廊、海景餐馆、博物馆和许多由旧日工厂改建成的购物中心，热闹的气息一直延伸到39号与41号码头周边，成为一个范围广阔的观光区域。

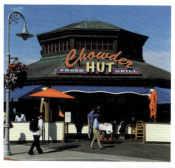

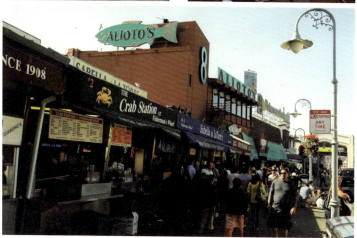

● 39 号码头

搭乘轻轨电车 F 线，至 The Embarcadero & Stockton St 站即达。开车前往者，码头对面有停车场，每小时 $9（在码头部分餐厅用餐，可抵免 1 小时停车费） www.pier39.com 7D 体验 7D Experience Building M, Level 1 每日 10:00—22:00 $12 7dexperience.com 弹跳高手 Frequent Flyers Building Q, Level 1 $10 旋转木马 San Francisco Carousel $3

　　此处正是渔人码头的精华，过去的货运码头在经过改建后，摇身一变成了一座露天购物广场。保留大量旧码头材料而搭建的 2 层楼市集，内部有上百家特色商店与多家景观海鲜餐厅。除了有吸引大批观众的舞台表演外，还有各式各样的娱乐活动能体验，例如位于码头中央，上头绘制了精美的旧金山地标风景的梦幻旋转木马，还有能弹向 6 米高空的"弹跳高手"，交互式电影的射击游戏"7D

体验"等数不尽的乐子，也难怪码头上熙来攘往，总是充满欢乐气氛。

　　来 39 号码头还能看见一个非常有趣的景象——一大群加州海狮们聚集在 K-Dock 上晒日光浴。这些野生海狮的初次造访是在 1989 年大地震之后的几个月，之后因为近海有充足的鲱鱼群洄游，加上受到保护的环境，使得海狮们在短期内暴增至数百只。不论是它们的叫声还是可爱的动作，都为游客带来了更多欢乐。

收获

　　早上先到 33 号码头搭乘游船前往恶魔岛参观，相信一定会给孩子留下一个深刻的印象。下午回到渔人码头，这里是旧金山最欢乐的地方，可以大啖螃蟹、酸面包，遨游美丽的海底世界，欣赏街头艺人表演，或是在宽敞而有格调的购物中心血拼。除了新鲜的海鲜摊贩之外，汹涌的人潮也吸引了许多外国观光业者在此开店，博物馆、商店、画廊、古董店、餐馆、购物中心和纪念品店，一间间挤得满满的，甚至还扩展到另一头的 39 号与 41 号码头周遭，成为一个范围广阔的观光区，满足亲子同游的种种乐趣。

第二天

● 海湾水族馆

39 号码头入口处 ☎ (415) 623-5300 🕐 夏季约 09:00—20:00，冬季约 10:00—18:00，春秋两季约 10:00—19:00 💲 成人 $22.95、4~12 岁儿童及 65 岁以上老人 $13.95 🌐 www.aquariumofthebay.org

斥资 400 万美元兴建的海湾水族馆是旧金山湾唯一的大型水族馆。除了能看见将近 2 万种的海底生物，馆内最吸引人的设施就属长达 92 米的玻璃海底隧道了！走在隧道里，仿佛置身海中，从容游过的加州鲨鱼，在眼前疯狂旋舞的鳗鱼群，有着新奇长相的犁头鳐，还有 2 亿年来仍拒绝进化的白鲟鱼……而伞体能透光的海月水母，开合间会出现奇异图案，充满神秘感且美得令人赞叹。

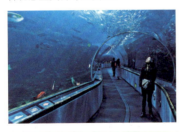

● 蓝金号游船与红白号游船

蓝金号游船 🏠 Pier 41, SF, CA 94133 ☎ (415) 705-8203 ⏰ 首班船于10:15出发，每日 4~9 班，行程 1 小时。时刻表随季节变更，请上官网查询 💲 成人＄30，12~18 岁及 65 岁以上老人＄24，5~11 岁儿童＄20 🌐 www.blueandgoldfleet.com **红白号游船** 🏠 Pier 43½, SF, CA 94133 ☎ (415) 673-2900 ⏰ 首班船于 10:00 出发，每日 8~12 班，行程 1 小时。时刻表随季节变更，请上官网查询 💲 成人＄30、5~17 岁＄20 🌐 www.redandwhite.com

到哪里才能欣赏到迷人的旧金山天际线呢？只有搭船能办到了，因为从海上望去才是最佳位置！"蓝金号"游船与"红白号"游船是渔人码头两家最大的游船公司，提供各种游港行程和渡轮服务。"红白号"游船主要行程为金门湾巡航，路线为绕行恶魔岛一圈，至金门大桥底下后折返，是非常热门的观光方式。而"蓝金号"游船主打旧金山湾巡航行程，路线和"红白号"游船如出一辙，不过"蓝金号"游船的航程选项更多，还有经营渡轮前往索萨利托、奥克兰、蒂伯隆、天使岛等地。另外，最棒的是这两家公司的游船皆提供免费的中文语音导览。

● 潘帕尼多号潜艇博物馆

搭乘轻轨电车 F 线，至 Jefferson & Taylor 站，步行约 3 分钟 45 号码头上 (415) 775-1943 每日 09:00 开始 成人 $15、6~12 岁儿童 $9、62 岁以上老人 $11 www.maritime.org/pamphome.htm

停靠在 45 号码头的潘帕尼多号（SS-383）是一艘参与过第二次世界大战的白鱼级潜水艇（Balao Class），曾在战争末期出过 6 次任务，活跃于中途岛战场一带，总共击沉 6 艘、损伤 4 艘敌舰，可谓战功彪炳。退役后停泊于此，并于 1982 年设为博物馆开放让民众参观。

购票登艇参观，可进入引擎室、鱼雷室、战情室及各级军士官的生活起居空间。而舰上的许多机具也拆开部分外壳，供游客观看当中的运作构造，尤其是那具庞大的柴油引擎，使人得以了解在核子动力潜艇发明前，潜艇是如何获得动力的。对战争、机械、历史有兴趣的朋友都值得来此参观，也是个适合亲子教育、娱乐的好地方。

收获

继第一天在渔人码头的行程，第二天还是在这个旧金山最热闹的区域活动。今天的行程对孩子而言，一定会是个充满乐趣又丰富的体验。先到海湾水族馆，欣赏馆内多达 2 万种的海洋生物，包括可爱小鱼、巨型海怪甚至是各种外观超乎想象的海底生物。最惊艳的大概就属长达 92 米的玻璃海底隧道，走在其中就如同真的走入海底世界一般。接着到码头搭乘游船，好将旧金山美景尽收眼底。最后来到 45 号码头，参观神秘的潘帕尼多号潜艇。进到游艇内部参观，会留下新奇又令人难忘的回忆。

第三天

● 北滩

🚃 搭乘电缆车 Powell-Mason 线，在 Broadway St 与 Greenwich St 之间的任一路口下车，再往东走即达

北滩是旧金山市中心的小意大利街区，之所以名为"滩"，是因为在 19 世纪时，这里真的是旧金山港畔的一处海岸。不过后来由于城市发展而被填平，从此再也见不到海滩的影子，取而代之的是飘散着阵阵比萨香的街道。

北滩以哥伦布大道为中心，两侧排列着热情的意大利餐厅、咖啡店和贩卖意大利传统食材的材料行等。从容闲适的街头步调，毫不拘谨的生活态度，让这里流露出一股浪漫迷人的拉丁风情。白天时，人们坐在户外露天座椅上，轻松自在地啜饮卡布奇诺咖啡，抛开一切烦恼，只有轻抚脸颊的阳光才是最重要的事。而傍晚时分，街道上的霓虹招牌一一亮起绚丽的光，这里的意大利餐馆不但鳞次栉比，而且物美价廉，无论烤鸡、意大利面，还是比萨、意大利饺，随便找一家走进去，都能品尝到美味的异国料理。

● 唐人街

🚌 搭乘电缆车 Powell-Hyde 线或 Powell-Mason 线，至 Powell St 与 Bush St 的路口下车，沿 Bush St 往东走约 300 米到 Grant Ave，即可在左手边看到牌楼。美国华人历史学会 Chinese Historical Society of America 🏠 965 Clay St, SF, CA 94108 ☎ (415) 391-1188 🕐 周二至周五 12:00—17:00，周六 11:00—16:00，周日、周一公休 💲 免费 🌐 www.chsa.org

旧金山唐人街是亚洲之外最大的华人社区，但旧金山唐人街的起源其实带有些许悲情色彩。19 世纪中叶，许多中国移民或出于自愿，或被绑架拐骗，来到加州协助修筑太平洋铁路和淘金采矿，对当地经济建设居功甚伟，但他们却与意裔移民、黑人、穷白人、水手一起被政府视为次等公民，并规定他们居住在特定区域，以免污染其他地方。于是他们只好在此狭小的范围内活动，发展成现今的唐人街。1906 年是美国华裔人口增长的契机年，由于美国在 1882 年制定《排华法案》，规定除非商人、外交官与美籍华人子女，否则不能移民美国。没想到在大地震的灾难中，存放在市议会的加州档案付之一炬，于是许多华人伪造文件和家世入境，这些人后来便被称为"纸儿子"。

唐人街的范围介于联合广场与北滩之间，以 Grant Ave 为中心，从靠近 Bust St 的"天下为公"牌楼进入，两旁尽是礼品店、中餐厅和古董行，浮金镏彩的招牌与造型夸张的飞檐相映成趣，大红灯笼高挂街道上方，路边街灯造型也与宫灯相仿，极力迎合西方人心目中的中国情调，观光味道浓厚。越往北走，才逐渐觉得亲切，街道景观不再刻意模仿，距离真正的华人生活也越靠近。与 Grant Ave 平行的 Stockton St，游客更少，中药行、水果摊、杂货店、茶楼、饼铺、银楼等，多是供应本地居民所需，是华埠最真实的味道。而位于 Clay St 上的华人历史学会，由著名仿古建筑师朱莉亚·摩根设计，里头附设的博物馆展示华人移民的生活变迁，有丰富的华埠故事可以探寻。

● 联合广场

🚌 搭乘电缆车 Powell-Hyde 线或 Powell-Mason 线，至 Powell St 与 Geary Blvd 或 Post St 路口下车即达。也可搭乘 BART 捷运或任一 Muni 电车线至 Powell 站下车，再步行约 4 分钟

联合广场是旧金山首任市长约翰·基利于 1850 年献给这座城市的礼物。在南北战争前夕，广场上举办集会，决议支持合众国联邦政府，因而后来便被称作联合广场。至于矗立于广场中央、顶端有座胜利女神像的圆柱，则是为了纪念海军上将乔治·杜威的功绩，他在 1898 年的美西战争中率领美军舰队，于马尼拉湾与西班牙军会战，大获全胜而回。

联合广场在 2002 年时重新整建，种植着棕榈树、紫杉和鲜花，如公园般干净整洁，并增设露天咖啡座椅、中庭表演舞台等设施，假日时常举办街头画展、跳蚤市场、慈善义演等活动。以广场为中心，方圆 800 米的范围内，堪称是旧金山购物区域的心脏，高档名店与星级酒店云集，有 Tiffany & Co.、Cartier、Chanel 和 Gucci 的时装珠宝专卖店，以及 Macy's、Neiman Marcus、Saks Fifth Avenue 等大型百货公司，消费人潮络绎不绝。

纽约 西雅图 华盛顿 洛杉矶 旧金山 费城

● 诺布山

🚊 搭乘电缆车 California 线，在 California St 与 Mason St 或 Taylor St 路口下车，即达杭廷顿公园

诺布山是旧金山市中心地势最高，同时也是市内最富贵族气派的街区。"诺布"是取自印度的辛都土语，意为"大富翁"或"有影响力的人"。在 1873 年第一辆电缆车直达这座山坡后，两位因淘金致富以及四位因太平洋铁路而发迹的大亨，便在山上盖起美轮美奂的巨宅，使这里成了富豪们的聚居地，也因此有了诺布山之名。

不过，1906 年的大地震让这些豪宅一夕之间全毁，而原本居住在此的有钱人们都移居到西边的牛谷区与太平洋高地。诺布山在经过改建后，取代豪宅出现的是一栋栋富丽堂皇的旅馆和气派壮观的教堂。它们以杭廷顿公园为中心，如著名的费尔蒙大酒店就位于银矿大亨詹姆斯·费尔的巨宅旧址上，花岗岩的结构十分雄伟，由曾经设计过赫斯特古堡的著名建筑师朱莉亚·摩根打造。费尔蒙大酒店最有名的是那遮阳篷的前门通道，以及铺着红地毯、垂着水晶吊灯、立着意大利大理石圆柱的华丽大厅，厅内设有下午茶座和一间小花店。在第二次世界大战之后，各国代表便是在此签署成立联合国的《联合国宪章》，在现代史上占有相当重要的地位。

相邻的马克·霍普金斯洲际酒店，是铁路大亨马克·霍普金斯的旧居，雪白的大理石建筑和法式圆窗，令人联想起法国乡间的宫殿别墅。这里最有名的是顶楼的鸡尾酒吧，可俯瞰旧金山市景。

● 旧金山电缆车（电缆车博物馆）

💲 单程票＄7，一日票＄20，限当日使用，不得使用换乘券 🔗 www.sfmta.com 电缆车博物馆 Cable Car Museum 🚎 搭乘电缆车 Powell-Hyde 线或 Powell-Mason 线，至 Mason St 与 Washington St 路口即达 🏠 1201 Mason St, SF, CA 94108 ☎ (415) 474-1887 🕐 每日 10:00—18:00，10 月至次年 3 月至 17:00 💲 免费 🔗 www.cablecarmuseum.org

由于旧金山的街道高低起伏极大，所以在还没有动力交通工具之前，要行走在旧金山街道上是件极其累人的事。人们驾着马车上坡时，总是特别大力地挥鞭抽打马儿，导致马儿不堪负荷，甚至被后面载运的马车拖滚下坡。一位名叫海里戴的钢索工厂业主，在目睹一起意外后，决心要利用他的钢索改善这个局面。他在淘金热时期，已将钢索技术运用在采矿上，只是这回要载运的物体更大，路线也更长，当时几乎没有人认为他会成功。他利用蒸汽引擎动力拉动埋在路面下的缆索，经过无数次试验后，终于在 1873 年于 Clay St 开通了第一条缆车路线。这项发明空前成功，使电缆车随即在旧金山市区蓬勃发展起来，到了 19 世纪 90 年代，市内已有 8 家业者经营 21 条路线，共有 600 多辆缆车行走在街道上。只是 1906 年的大地震将这一切摧毁殆尽，重建后的旧金山只恢复了少数电缆车路线，其他路线大多由轻轨电车取代。

目前旧金山尚在运行的电缆车路线共有 3 条，几乎所有观光客都会刻意去坐上一段。最受欢迎的位置是车厢两侧的站位与面朝车外的座椅，乘客总喜欢用这样的方式观看街边风景，就像电影中的那样。人们也爱在终点站等待缆车进站，然后看着驾驶员利用地面上的转辙圆盘，将车头掉转方向。

想要了解更多电缆车的前世今生，Mason St 上有间专门的博物馆，展示这种交通工具的历史由来、机械原理、牵引装置，以及各个时期的古董车厢等。

🌀 收获

逛完意大利移民的聚居地北滩后，第三天主要为市中心的行程，到联合广场参观胜利女神像，接着既然来到这旧金山知名购物区，一定要好好地逛逛。逛累了可以到露天咖啡座稍作歇息，或是去观赏中庭表演。接着可以去看看亚洲外最大的华人社区，到 Clay St 上的华人历史学会附设的博物馆，探寻丰富的华埠故事。邻近的金融区则有美国西岸华尔街之称，区内有无数的银行、证券和金融办公大楼，林立高耸的大楼建筑，充满蓬勃的朝气和活力。而人称"叮当车"的电缆车更是被当成旧金山的观光象征，一定要坐上一段体验一下。

第四天

● 金门公园

🚇 搭乘 Muni 电车 N 线，过了 Stanyan St 之后任何一站下车，往北 1~2 个路口即达公园范围 🌐 www.golden-gate-park.com 🚌 周六、周日及假日，公园内提供免费接驳车服务，在园内各大景点都有站牌，09:00—18:00 之间发车，每 15~20 分钟一班 ❗ 周日公园内大部分道路禁止车辆通行 **旧金山植物园 San Francisco Botanical Garden** 🏠 大门在 9th Ave 与 Lincoln Way 路口附近 ☎ 415-661-1316 🕐 每日 07:30 开园，春夏季至 19:00，秋季至 18:00，冬季至 17:00（关园前 1 小时停止入园）💲 成人 $8，12~17 岁及 65 岁以上老人 $6，5~11 岁儿童 $2 🌐 www.sfbotanicalgarden.org ❗ 每月第二个周二及每日 09:00 以前免费 **植物宫 Conservatory of Flowers** 🏠 100 John F. Kennedy Dr, SF, CA 94118 ☎ 415-831-2090 🕐 10:00—16:30（16:00 后停止入园），周一休息 💲 成人 $8，12~17 岁及 65 岁以上老人 $6，5~11 岁儿童 $2 🌐 www.conservatoryofflowers.org ❗ 每月第一个周二免费

这座全美面积最广阔的都市公园横跨 53 条街区，占地面积约 4 平方千米，从太平洋海岸一路延伸到市中心。金门公园始建于 1870 年，从前这里是一片荒野，在工程师威廉·霍尔与园艺家约翰·麦可拉伦的通力合作下，成功将荒地蜕变成旧金山的绿色之肺，与纽约中央公园并列东西岸最具代表性的城市绿地。

金门公园内的名胜不少，最有名的地标是建于 1879 年的植物宫，这座纯白色的玻璃温室，灵感来自伦敦皇家植物园（Kew Gardens），培育世界 50 多个国家的热带花卉植物。旧金山植物园也位于公园里，在 0.2 平方千米的土地上，繁殖了 7000 多种植物，其中不少还是稀有品种。

公园内的其他地方则由十多座小花园组成，有的以园艺造景闻名，有的以池泉之美取胜，还有一座草场甚至豢养了大群美洲野牛！而 7 座人工湖泊中，以史托湖（Stow Lake）的面积最大，湖中小岛称为草莓山（Strawberry Hill）。至于公园西北角的荷兰风车（Dutch Windmill），其设置最初是为了解决公园用水问题，目的是借助强劲的海风，抽取地下水来灌溉绿地，后来风车的作用被马达取代，才转为纯观赏的用途。

● 加州科学院

搭乘 Muni 电车 N 线至 9th Ave & Irving St 站,步行约 10 分钟。也可在下电车后,换乘北行的 44 路公交车,至 Academy of Sciences 站下车即达 🏠 55 Music Concourse Dr, SF, CA 94118 ☎ 415-379-8000 🕘 09:30—17:00(周日 11:00 起),售票至休馆前 1 小时 💲 成人 $34.95、12~17 岁及 65 岁以上老人 $29.95、4~11 岁儿童 $24.95 🌐 www.calacademy.org ❗部分周日为免费入场

这座号称"世界最绿能的博物馆"成立于 1853 年,后来经过整修后,于 2008 年在金门公园内重新开放。新建筑的设计宗旨是要让所有游客来到这里都能大开眼界。馆内有两个大型球体结构,一座在内部模拟雨林环境,种植许多热带植物,并饲养不少稀有的鸟类、昆虫与爬虫类动物;另一座球体则是现今全球最大的数字天象仪,其屏幕直径近 23 米,定时播放星象节目与精彩震撼的科普影片。两座球体的下方是一片面积广大的水族馆,有 14000 种海洋生物,除了有海底隧道、超大片玻璃的珊瑚礁水族箱、海星触摸池外,甚至连企鹅馆都有。

科学院的其他部分主要为自然科学博物馆,以生动有趣的方式,配合多媒体交互式器材,展示有关生物演化、地球科学、环境保护等方面的知识。在后门附近还有一座沼泽池,池中有只罹患白化症的美洲短吻鳄,由于难得一见而成为科学院里的明星动物。

● 笛洋博物馆

🏠 50 Hagiwara Tea Garden Dr, SF, CA 94118（在加州科学院正对面）☎ 415-750-3600 🕐 09:30—17:15（4月中至11月底的周五至20:45），周一休息 💰 成人 $10、65岁以上老人 $7、13~17岁 $6。租用语音导览耳机 $8 🌐 deyoung.famsf. org ❗ 每月第一个周二免费，哈蒙塔观景台开放至休馆前1小时

　　笛洋博物馆创立于1895年，以旧金山报人 M. H. 德·扬命名。原本的建筑毁于1989年的大地震，新建筑由著名的赫尔佐格与德梅隆事务所设计，于2005年重新隆重开幕。这间博物馆展示的主要是17—21世纪的美国本土艺术，重要的收藏包括乔治亚·奥基弗、格兰伍德、弗兰克·劳埃德·赖特等人的作品。其他展厅还有美洲、大洋洲和非洲的原住民艺术以及纺织与服装艺术等。而造型奇

特的倒梯形哈蒙塔（Hamon Education Tower）高44米，塔顶有个免费观景平台，可眺望湾区景色。

● 日本茶园

🏠 75 Hagiwara Tea Garden Dr, SF, CA 94118（位于笛洋博物馆旁）☎ 415-752-1171 🕐 09:00—18:00（11月至次年2月至16:45）💰 成人 $8、12~17岁及65岁以上老人 $6、5~11岁儿童 $2 🌐 japaneseteagardensf.com ❗ 周一、周三、周五若在10:00之前入园，免费

　　日本茶园最初的兴建是为了1894年的加州冬季博览会，博览会结束后，有位名叫萩原真的日本园艺家为这里进行了修饰改建，让花园得以永久保留下来。园内大量栽种樱花、松树和杜鹃，曲径步道上处处

可见石灯笼与石塔，歇山宽檐的门楼、陡峭的太鼓桥、朱红的五重塔、鲤鱼悠游的池塘，都与日本园林景色无异，想来萩原真当初重整园林时，是怀抱着何等的乡愁。茶园内还有尊重达1.5吨的大佛铜像，这尊佛像原来供奉于日本但马寺内，是1790年熔铸的古物，1949年被S & G Gump公司当作礼物送给旧金山市，从此便被安放在这里。

值得一提的是，茶园里的日本茶屋据说是西方世界最早出现幸运饼的地方，时为1914年。平日里，人们也爱在茶屋里歇脚，点一杯清茶与茶点，静静享受充满禅意的时光。

🌀 收获

　　来到旧金山就该排满一天行程游览金门公园，金门公园横跨将近半个旧金山市区，可以说是与东岸纽约的中央公园相呼应。在这片广大的公园绿地里，除了有各种花园与造景，旧金山的植物园也位于公园内，而加州科学院、笛洋博物馆、日本茶园等，都是旧金山最热门的重要景点，不花上一整天是无法玩遍的。

　　此处的景点都非常适合亲子同乐，在金门公园这最具代表性的城市绿地，广大的园内有着多座花园与人工湖泊，一边悠闲地散步一边欣赏美丽风景，不仅能在城市中亲近自然，公园里的植物园、博物馆更是能让孩子有所学习的地方。

第五天

● 艺术宫

搭乘电缆车 Powell-Mason 线至 Columbus Ave 与 Chestnut St 路口，换乘西行的 30 路公交车，在 Broderick St & North Point St 站下车，沿 North Point St 西行 1 个路口即达。若是从普雷西迪奥出发，可搭乘 PresidiGo Shuttle 的 Crissy Field 路线，在 Palace of Fine Arts 站下车即达 ⌂ 3301 Lyon St, SF, CA 94123 ⊙ 开放式公园 ⊗ 免费 ⊙ www.palaceoffinearts.org

艺术宫原是为了 1915 年的巴拿马—太平洋万国博览会而建，当时请来在柏克莱加大任教的建筑师梅贝克着手规划，他从巴洛克时期的古典画派中汲取灵感，打造出这座仿古罗马废墟的建筑，作为展览场地之一。当时人们对艺术宫的喜爱远超过其他展馆，博览会尚未结束，就有人成立协会请求将之保留，艺术宫因而成为当年博览会后唯一留下的建筑物。

然而，艺术宫原先在兴建时并没有想到会成为永久性建筑，所以使用的都是极其粗糙的建材，经年累月地风吹雨打，让这座假废墟几乎就要变成真的废墟。于是在 20 世纪 50 年代，又有人发起整修运动，这项当初没花多少时间建造的工程，重建却花了好几年时间完成。新的艺术宫完全比照旧建筑加以复制，只是少了中央拱顶的壁画、两侧列柱塔门与展览厅内的原始装饰，而展览厅则成了艺术宫剧院的所在。

艺术宫有着迷人的外观，罗马式的圆顶搭配玫瑰红的科林斯石柱，壁饰上是一幅幅精细的浮雕，环绕其后的是由列柱构成的长廊。天气晴朗时，前方人工湖泊映出圆顶及长廊的倒影，中央的小喷泉旁不时游过几只优雅的天鹅，以及三三两两的鸳鸯与水鸭。因为总是如此宁静美丽，充满浪漫的气息，因此每天都可看到许多对新人在此拍摄新婚的回忆。

● 迪斯尼家族博物馆

🚌 搭乘 BART 捷运或任一 Muni 电车线至 Embarcadero 站，于 Drumm St 上换乘 PresidiGo Shuttle 的 Downtown 路线，至 Presidio Transit Center 站，再步行约 3 分钟 🏠 104 Montgomery St, The Presidio of SF, CA 94129 ☎ 415-345-6800 🕙 10:00—18:00（16:45 后停止入馆），周二休息 💰 成人＄20，65 岁以上老人＄15，6~17 岁＄12 🌐 www.waltdisney.org

华特·迪斯尼曾经这么说过："如果你能够怀有梦想，你就能将梦想实现！"而这间成立于 2009 年的博物馆，就是在讲述这个将梦想化为现实的故事。华特·迪斯尼的创业并非平步青云，他曾经历许多戏剧性的困境，几次徘徊在失败边缘（其实是真的失败了），但是他从未放弃，他的乐观精神与执着让他越挫越勇，终于将卡通提升到艺术的境界，彻底改变了好莱坞电影工业生态。就像他的另一句名言："做出别人认为不可能的事，是一种乐趣。"

在博物馆的展厅里，各种交互式陈列、卡通动画、电影片段、音乐、艺术品，以及其他多媒体展示等，将他一生激励人心的故事完整呈现。游客可以欣赏他早期的画作，看他如何创造出米老鼠、唐老鸭等这些脍炙人口的角色，了解动漫如何从不受重视的雕虫小技一跃变为大屏幕的宠儿，以及迪斯尼乐园如何被构想与兴建等。可以说，这里介绍的不只是华特·迪斯尼的个人成就，同时也在叙述大半个世纪以来的动漫发展史。

● 金门大桥

🚇 搭乘 BART 捷运或任一 Muni 电车线至 Embarcadero 站，于 Drumm St 上换乘 PresidiGo Shuttle 的 Downtown 路线，至 Presidio Transit Center 站再换乘 Crissy Field 路线，在 Golden Gate Bridge 站下车即达。开车前往者，大桥南端停车场每 15 分钟 25¢，假日时开放预备停车场，一日 $5；大桥北端停车场为免费，限停 4 小时 ⏰ 游客中心每日 09:00—18:00 🌐 www.goldengatebridge.org

就如同自由女神之于纽约、埃菲尔铁塔之于巴黎，金门大桥也是旧金山的城市象征。其实当年为了兴建金门大桥可谓历经波折，由于金门海峡上常起浓雾，强劲的海风有时可达时速 96 千米，水深 150 米的海底崎岖不平，再加上来自太平洋的巨浪，当时没有人认为大桥可以兴建完成。加上时值经济大萧条时期，在资金短缺的窘境下，总工程师施特劳斯不得不四处奔走，说服民间集资借款，工程才得以于 1933 年动工，并于 4 年后的 1937 年完成。后来这些债券靠着过桥费慢慢偿还，直到 1977 年才全部还清。

金门大桥刚建成之时是当时世界上跨度最大的斜拉式悬索桥，桥身长达 1970 米，加上引桥总长 2.8 千米，今日作为 101 国道的一部分，连接旧金山和马林郡的索萨利托，交通地位十分重要。为了抵抗海上强风与地震的侵袭，大桥的结构强度非比一

般，负责承载桥身吊缆的主缆，两端深埋在两岸巨大的钢筋水泥桥墩中，每座桥墩可承受 28500 吨的拉力。其钢缆直径 0.92 米，每条钢缆合 61 股，含钢索 27572 根，钢索加起来总长 129000 千米，这长度足以沿着赤道缠绕地球 3 圈。而灌浆的水泥总量，也足够建造一条从纽约到旧金山的 1.5 米宽人行道，由此可见金门大桥工程之浩大。

而桥身所漆的颜色被称为"国际标准橘"，当初选择这个颜色，一方面是为了要在浓雾中保持桥身能见度，另一方面也是因为这样的配色能和谐地与周遭自然融合。事实证明，金门大桥能让人如此印象深刻，国际标准橘的确功不可没。当晴空万里时，明亮的桥身衬着蓝天碧海，无论

从哪个角度看，都是完美构图；就算受浓雾影响，还是能见它冒出头来，反倒增添了一种朦胧美感。

在大桥南端的停车场上，设有礼品店和游客中心，可以购买与金门大桥有关的纪念商品。广场矗有一尊施特劳斯雕像，以及桥梁钢缆的剖面模型，许多观光客也会在此合影。除了大桥南北两头的观景公园，在大桥北侧的山丘上也有个不错的观景点，过金门大桥后从往 Alexander Ave 的 442 号出口下交流道，匝道走左侧车道，出匝道口看到指示牌往 US-101 S 左转，过涵洞后不要回高速公路，走右边的山路上山，400 多米后会看到左手边有许多停车格，从这里便可居高临下欣赏大桥。

● 索萨利托

从旧金山开车，过金门大桥即是索萨利托。过桥后的第二个出口，往 Alexander Ave 下交流道，匝道靠右侧车道，沿海岸往北走，便可到达 Bridgeway Blvd，这条路旁有不少停车场。也可在旧金山市中心的 Mission St / 1st St 路口或 7th St / Market St 路口，搭乘往 Strawberry 的 10 号金门客运，至 Bridgeway & Bay 站下车即达。或是于渡轮大厦搭乘金门渡轮；于 41 号码头搭乘蓝金号渡轮前往 **索萨利托游客中心** 🏠 760 Bridgeway Blvd, Sausalito, CA 94965 ☎ (415) 332-0505 🕐 11:30—16:00。周一公休 🌐 www.ci.sausalito.ca.us

走访过金门大桥后，便来到对岸的索萨利托。依傍着理查德森湾的索萨利托原是米瓦克族人的聚落，西班牙人来到这里后，不但将此地收为殖民地，也把地中海的风情原封不动地搬来这里。今日的索萨利托码头边，停泊着各式各样的私人帆船与游艇，洁白的船舷随波浪在海风中摇晃着，给人一种宁静而悠闲的感觉。而在山坡上，则坐落着一栋栋色彩亮丽的精致洋房，映衬着绿草蓝天和碧波帆影。来这里可以一边享受阳光，一边追寻欧洲海港小镇的浪漫。

沿着海湾而行的桥路大道，是索萨利托最重要的街道，大道上不少建筑物都已具有相当长的历史，被列入国家古迹名录中。这些古典优雅的老房子，如今是艺术家与观光客活动的场所，艺廊、古董店、餐厅、咖啡馆，连绵超过 1.6 千米，贩卖的商品种类繁多，从旧金山纪念品到巧夺天工的琉璃艺术，从国际品牌服饰到当地手工织品，从路边小吃到精致海鲜餐厅，应有尽有，值得慢慢闲逛。

● 缪尔红杉保护区

🚌 从旧金山开车，走 US-101 N，过金门大桥后，于 445B 出口，往 CA-1 / Mill Valley 下交流道。沿着 CA-1 N 一直走，进入山区后，注意路旁往 Muir Woods 的指示，右转 Panoramic Hwy，再循指标左转 Muir Wood Rd，大约 2.4 千米后，即可见到免费停车场。夏天时，可在索萨利托渡轮码头搭乘 66F 接驳巴士前往，成人 $ 5，15 岁以下免费 ☎ 415-388-2595 ⏰ 每日 08:00 至日落（夏季约 20:00，冬季约 17:00）💲 成人 $10，15 岁以下免费（可使用国家公园年票）🌐 www.nps.gov/muwo

位于车马喧嚣的金门大桥彼岸的缪尔红杉保护区，就是 2011 年的卖座电影《猩球崛起》中，让猩王恺撒找到归属感的那片森林。在 19 世纪以前，自奥勒岗以南的整片西海岸都覆盖着这种海岸红杉，但不到 100 年的时间，这些珍贵的树木就几乎被来自欧洲的新移民们砍伐殆尽，如今只剩下零星森林幸存于《国家公园法》的保护下。

1905 年，本地实业家威廉·肯特夫妇，眼见海岸红杉就要在旧金山地区绝迹，于是买下最后的约 79 万平方米原始森林捐赠给联邦政府，并由罗斯福总统于 3 年后指定为国家纪念地。在肯特夫妇要求下，新的国家纪念地以他们的好友，也就是提议创建国家公园的环保主义者约翰·缪尔命名。

海岸红杉与内华达山脉西麓的加州巨杉，虽然同属于 Sequoia 种，但其实不太一样。和加州巨杉相比起来，海岸红杉显得苗条许多，不过却高得不可思议，爬上去说不定还能抱颗金鸡蛋下来。保护区里的红杉大都集中在波希米亚林与教堂林两片树林内，最高的一棵高达 76.81 米，树龄超过 1000 岁，不过要辨识出是哪一棵却不太容易，因为在矮小人类的视觉限制下，树长到一定高度就分不出高低了。

除了海岸红杉外，这片森林也蕴含了丰富的生态，铁头鳟与银鲑在溪流里产卵，坚鸟、冬鹪、金花鼠在林间栖息，鹿群于晨昏觅食，猫头鹰和浣熊在夜间出没。园方沿着红木溪两岸规划有环形步道，漫步林间时，请大力深呼吸几口，世界仅存海岸红杉释放出的芬多精，可不是到哪里都吸得到的。

⚜ 收获

到旧金山玩除了能体会都会风情，其邻近区域的自然风光也相当吸引人。金门大桥两岸正巧适合排定一日行程，走访过金门大桥后，上午可以先到北边的索萨利托享受阳光，有着地中海风情的索萨利托，停泊着各式各样私人帆船与游艇，看着洁白风帆随风飘扬着，宁静悠闲的气氛让人身心放松。下午可以到缪尔红杉保护区，除了看园区内高到不可思议的红杉，也可以让孩子好好观察这片森林的丰富生态，吸收有益身心的芬多精。

🌐 旧金山吃住行

📷 吃

● Lori's Diner

这家餐厅有各式经典美国早餐，如松饼、奥姆蛋等，也有汉堡、牛排、炸鸡等午晚餐供应。

🏠 500 Sutter St, SF, CA 94102
☎ 415-981-1950

● Fog Harbor Fish House

这家餐厅不但有 2 楼的超级海景，而且无论你想吃什么旧金山的经典菜肴，在这里都能一次搞定。

🏠 39 Pier #202, SF, CA 94133
☎ 415-421-2442

● Boudin Sourdough Bakery and Café

点份酸面包、搭配浓汤享用。2楼是小酒馆，供应海鲜等美食。这儿还有个酸面包博物馆。

🏠 160 Jefferson St, SF, CA 94133
☎ 415-928-1849

● Grill

这间高级餐馆以烧烤为主打特色，主菜包括海鲜、红肉、鸡肉，另外也有生蚝等前菜。

🏠 800 North Point St, SF, CA 94109
☎ 415-749-2060

● 岭南小馆 R&G Lounge

地道的广东菜肴，成为当地华人心目中第一名的家乡味。

🏠 631 Kearny St, SF, CA 94108
☎ 415-982-7877

● Bi-Rite Creamery & Bakeshop

Bi-Rite 的冰激凌味道非常自然，没有刻意添加的甜味，吃得出是来自新鲜的材料。

🏠 3692 18th St, SF, CA 94110
☎ 415-626-5600

● The Cheesecake Factory

美式菜色为主，包括烧烤、排餐、沙拉等，选择丰富，甚至有些还融入了中国料理元素。

🏠 Geary St, SF, CA 94102（梅西百货8楼）
☎ 415-391-4444

● L'Osteria del Forno

这里的比萨薄饼皮，烤得既酥脆又扎实。意式佛卡夏面包更是一绝。

🏠 519 Columbus Ave, SF, CA 94133
☎ 415-982-1124

🛏 住

● Good Hotel

Good Hotel 标榜环保绿能，有着许多设计巧思，让空间获得最大利用。整体风格年轻又不失精致。

🏠 112 7th St, SF, CA 94103
☎ 415-621-7001、1-800-444-5819

● Best Western Plus Americania Hotel

Americania 以旧日美国情调为装潢元素，充分表现了 20 世纪五六十年代的美式趣味。顶楼有露天泳池，同时也有健身房、自助洗衣间、餐厅等设施，相当适合家庭旅游的客人入住。

🏠 121 7th St, SF, CA 94103
☎ 415-626-0200、1-800-444-5816

● Carriage Inn

酒店的布置温馨优雅，许多细节也融合了东方情调，让酒店更增添些许异国风。

🏠 140 7th St, SF, CA 94103
☎ 415-552-8600、1-800-444-5817

● Hotel Vertigo

酒店氛围华丽而风雅，布置充满艺术气息。由于邻近剧院区，有不少演员会入住。

🏠 940 Sutter St, SF, CA 94109
☎ 415-885-6800、1-888-444-4605

● Cavallo Point Lodge

坐落在金门大桥脚下的豪华度假旅馆，远眺可见波光粼粼的海湾景致，美景一览无余。旅馆中的 Murray Circle 餐厅在当地颇负盛名，喜爱美食的游客一定不要错过。

🏠 601 Murray Circle, Fort Baker, Sausalito, CA 94965
☎ 415-339-4700、1-888-651-2003

🚗 行

● 市区运输网络 muni

旧金山市区的交通运输网称为"muni"，与 BART 的车票不通用。

在 muni 的各电缆车售票亭与 SFMTA 服务中心（11 S. Van Ness Ave），有售 muni 通行券（Muni Passport），可在有效期内无限次搭乘 muni 系统的电车、公交车与电缆车，若要经常搭乘大众运输工具（尤其是电缆车），会非常划算。

💴 1 日券 $20，3 日券 $31，7 日券 $40（有效期自使用起开始计算，至到期当日 24:00 止）
🌐 www.sfmta.com

● 电车 Muni Metro

Muni 系统的轨道电车，有 F、J、K、L、M、N、T 等 7 条路线，这些路线在市中心行驶于市场大街的地面下，且于 Embarcadero 与 Van Ness 之间路线是完全重叠的。其中的 F 线使用的是古董车厢，成为市区的特殊风景，从渔人码头经安巴卡德罗、市场大街到卡斯特罗区，全程行驶于地面上。其他诸线在市场大街为地铁形式，离开市场大街则成为路面电车。

车票可在车站自动售票机购买，不分远近，统一价格。过闸门时，闸门会自动打印一张换乘券（F 线是向司机索取），可在 90 分钟内换乘两次 muni 系统的电车与公交车，但不可换乘电缆车。

💴 单程票：成人 $2.25，优待票 $1

● 公交车 Muni Bus

Muni 的公交车路线有 80 多条，范围涵盖整个市区，不想走路的游客可利用公交车弥补电车路线之不足。公交车的车费与轨道电车相同，车票在车上向司机购买，由于不找零，因此平常务必多准备点零钱。若有换乘需求，可向司机索取换乘券（Transfers）。

● 电缆车 Cable Car

闻名全球的电缆车又被俗称为"叮当车"，1906 年以前是城里主要的大众交通工具，如今只剩下 3 条路线仍在行驶，分别为 Powell-Hyde 线、Powell-Mason 线与 California 线，前往联合广场、渔人码头、九曲花街、诺布山等景点时，经常有机会搭到，只是票价并不便宜，而且不能使用换乘券。

车票可在 Bay St 与 Taylor St 路口、Hyde St 与 Beach St 路口、Powell St 与 Market St 路口的售票亭购买，也可直接向列车员购买。在电缆车站牌可挥手招车，但若车上已无空位，司机会过站不停。

🕐 每日 06:30—23:30，约 12~30 分钟一班
💴 $7

● 开车

在旧金山开车要注意城里大部分道路都是单行道，不过幸好道路规划是整齐的棋盘状，不至于迷路。如果你的目的地是渔人码头或联合广场一带，建议把车停在较远的地方，然后搭乘公共交通工具前往，一来那附近的交通网发达，二来那边的停车费贵得吓人。如果是要前往金门公园及其周边，则很容易就能找到限时免费的停车位。

旧金山市区两条重要的联外桥梁——海湾大桥与金门大桥，都是收费桥梁，从北湾或东湾前往旧金山的方向收费，离开旧金山的方向则免费。海湾大桥周一至周五 05:00—10:00 及 15:00—19:00 的高峰时段，小客车过路费为 $6，其他时段为 $4，周末全天收费 $5；金门大桥则是一律收费 $7.25。

海湾大桥除了有 FasTrak 电子收费车道外，仍保留了人工收费车道，可使用现金支付。比较麻烦的是金门大桥，全线采用电子收费，没有安装 FasTrak 设备的车辆是以车牌辨识系统收取，过桥后 48 小时内在官网上开通一个一次性缴费的账号，以信

用卡支付。如果置之不理，租车公司便会收到罚单，届时仍旧会算到你的信用卡账单上。当然还有更简单的做法，那就是尽量避免从索萨利托的方向进城。

金门大桥缴费系统

🌐 www.bayareafastrak.org/en/ggb/onetimepayment.shtml

● 随上随下观光巴士

City Sightseeing San Francisco

这套双层露天巴士行程，有市中心、金门大桥与索萨利托、金门公园、旧金山夜间行程等 4 条路线，沿途停靠 25 个站，皆可随意上下车。除了购买可相互换乘的全路线行程外，个别路线的行程也可单独购买。全路线行程有效期为 48 小时，自第一次使用起开始计算。

💴 网络价：成人 $54.99，儿童 $32.99
🌐 www.city-sightseeing.us

● 优惠票券

San Francisco CityPASS

这本通票当中共有 5 张票券，分别为 muni 交通系统与电缆车的 7 日车票、加州科学院门票、蓝金号游船的游港行程船票。另外两张是选择票券，可参观海湾水族馆或蒙特雷湾水族馆、探索博物馆或笛洋博物馆加荣耀宫美术馆。如果全部用上的话，可省下 46% 的费用。

CityPASS 可在上述各景点现场购买，也可在网站上使用信用卡预购，将购买凭证打印下来，至第一个参观的景点换取实体票券即可（只接受打印凭证，不接受手机等移动装置屏幕显示的凭证页面）。网站购买者，需于 6 个月内换取实体票券；票券有效期为 9 天，自第一张票券使用起计算。

💴 成人 $94，5~11 岁儿童 $69
🌐 www.citypass.com/san-francisco

Go San Francisco Card

这张卡可用于加州科学院、海湾水族馆、笛洋博物馆、杜莎夫人蜡像馆等 27 个景点或导览行程，有效期自启用起开始计算，去的地方越多越划算。Go Card 可在官网上购买，将票券打印下来或直接在手机屏幕上出示皆可。

💴 成人：1 日卡 $60，2 日卡 $88，3 日卡 $109，5 日卡 $140，7 日卡 $160。3~12 岁儿童：1 日卡 $45，2 日卡 $60，3 日卡 $80，5 日卡 $100，7 日卡 $115
🌐 www.smartdestinations.com

● 旅游咨询

旧金山旅游局
San Francisco Travel Association

☎ 415-974 6900
🌐 www.sanfrancisco.travel

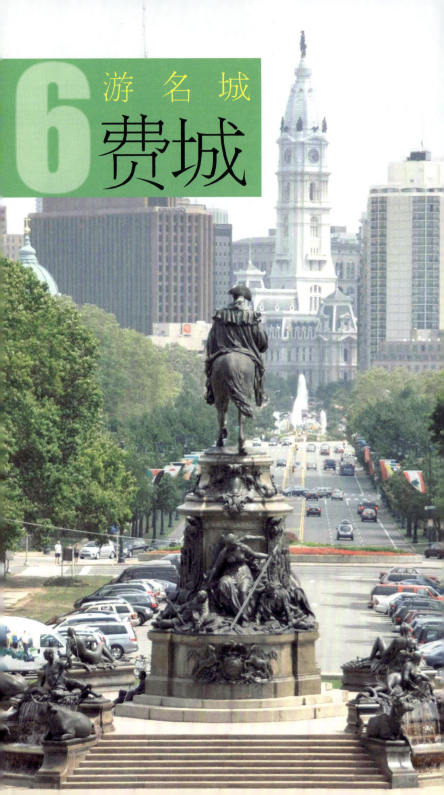

6 游名城
费城

费城概况

　　"Philadelphia"的词源源自希腊文,意指"友爱的城市"。取这名字的是费城的建城者威廉·宾恩,宾恩是一位虔诚的贵格派教徒,一生奉行该教派互助、平等的思想,强调政治自由与宗教信仰自由。这虽然为他的个人命运带来悲剧,却在宾州埋下了民主思想的种子。

　　当波士顿发生的一连串事件使新大陆与殖民母国关系剑拔弩张时,各州代表于1774年在费城召开了"大陆会议",联合向英王请愿,1776年更签署了美国立国史上最重要的文件——《独立宣言》。此后直到1800年华盛顿特区建设完成,费城几乎一直都是议会与国会所在,也就是实质上的首都。1787年《美国宪法》开始制定,到1789年正式生效,其背景也是在费城。因此说费城是美国的诞生之地,一点儿也不为过。

　　今日费城观光仍是以这段建国历史作为主打,而在建国史中厥功甚伟的宾州代表富兰克林更是人们引以为傲的费城英雄,几乎满街都可看到与他相关的事物。其实除了历史古迹,费城也有不少一流的博物馆,集中在市中心西边的博物馆大道上。至于逛街购物更是费城的一大魅力,光是服饰衣物免税这一点,在消费水平惊人的东岸就足以令人趋之若骛。

🖐 线路推荐

第一天: 独立国家历史公园—贝特西·罗斯故居—艾尔弗兰斯巷—南街—宾恩登陆处

第二天: 费城共济会会所—市政厅—梅西百货—中国城—瑞汀车站市场—费城魔幻花园

第三天: 爱之公园—巴恩斯基金会—罗丹博物馆—富兰克林研究院—自由大厦观景台—核桃街—黎顿豪斯广场

第四天: 西蒙尼基金会博物馆—大学城—宾恩博物馆

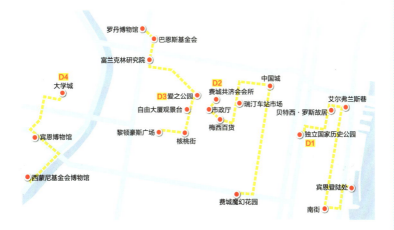

第一天

● 独立国家历史公园

🚇 搭乘地铁 MFL 线至 5th St 站，步行约 2 分钟至游客中心 🌐 www.nps.gov/inde

游客中心 🏠 6th St 与 Market St 路口 ☎ 215-965-2305 🕐 每日 08:30—18:00（5 月底至 9 月初至 19:00）💲 免费

　　独立国家历史公园由国家公园管理局管辖，号称是"美国最富历史意义的一平方英里"，也是费城老城区里最核心的组成部分。公园范围内的重要建筑不胜枚举，像是独立厅、国会厅、木匠厅等，在美国开国史上都占有举足轻重的地位，其中独立厅更是在 1979 年时被列入世界文化遗产名录中。这里几乎每一处角落都发生过重大事件，几乎每一栋建筑都留名历史，而华盛顿、富兰克林、亚当斯、杰斐逊等人的名字，经常就会出现，与某事某物有所联系，仿佛他们的时代从未曾远去，而他们的灵魂始终在此地徘徊。

　　来到这里，记得一定要先去游客中心看看，除了领取独立厅的免费门票，也可以先拿些资料，好让自己对这里的历史有个初步了解。

● 独立厅

🏠 位 于 5th St 与 6th St 之 间 的 Chestnut St 上 ☎ 215- 965-2305、877-444-6777 🕐 每日 09:00—17:00（5 月底至 9 月初至 19:00），依季节不同，每 15~30 分钟一梯导览，行程约半小时。免费，但须领票入场（若事先上网或以电话预约，需支付手续费 $1.5）❗ 进入独

立厅须参加导览行程，当日的时段票券（timed ticket）于 08:30 在游客中心开始发放，每人最多限领 10 张，名额有限（旺季约 11:00 就会发放完毕）。由于通过安检需要排队一段时间，因此最好在行程出发前 30 分钟抵达。1、2 月及夏季 17:00 之后无须领票，可自由入场

独立厅始建于 1732 年，由于遇上了资金问题，所以一直到 1753 年才完成。这里最初是作为宾夕法尼亚的议会，向来就是宾州的权力核心，到了革命前夕，更成了风起云涌的焦点。1775 年，第二次大陆会议在此召开，乔治·华盛顿被任命为大陆军总司令，翌年 7 月 4 日，众代表齐集在议事厅里，通过了由托马斯·杰斐逊主笔的《独立宣言》，正式与英国决裂。后来，独立厅曾有几年时间作为邦联议会所在，即使在议会迁到纽约的那几年间，这里仍没有失去重要性，因为 1787 年另一件美国史上的重要大事就在这里进行着。那一年，各州代表再次聚集于独立厅内，准备对《邦联条例》提出修改，结果在詹姆斯·麦迪逊等人主导下，于 9 月 17 日签署通过了《美国宪法》，于是美国联邦政府正式宣告成立，独立厅也因此常被视为"美国的诞生之地"，并以其崇高的象征地位被印在百元大钞的背面上。

现在参观独立厅可看到当初各州代表们进行讨论表决的会议室，室内陈设如今又还原为当时面貌，让人耳边似乎又响起慷慨激昂的辩论，仿佛又看见约翰·汉考克拿起鹅毛笔，在宣言上签下第一个名字。而当年华盛顿坐的那张椅背画有半颗太阳的椅子，也依旧摆放在主席台上。据说富兰克林曾私下和麦迪逊说："我常分不清总统椅背上到底是日出还是日落，但现在我确信了，那是颗上升的太阳。"

●自由钟中心

🏠 6th St 与 Market St 路口（入口在 Market St 上） ⏰ 每日 09:00—17:00（5 月底至 9 月初至 19:00） 🎫 免费。可向管理员要求中文影片导览

自由钟最初悬挂在宾州议会（今日的独立厅）塔楼上，用以召集议员前来开会。尽管历史学者提出否定证据，但一般人相信 1776 年的 7 月 8 日约翰·尼克松宣读《独立宣言》时，曾敲响此钟集合市民聆听，因此这座钟便被视为美国独立与自由的象征，在人们心中拥有崇高的地位。钟体上的铭文刻着"直到各方土地上的所有居民均宣告自由"，这句话语出《旧约·利未记》，后人也因此称这座钟为"自由钟"。

虽然自由钟作为一种象征符号，拥有固若金汤的地位，但是它本身却并未同样坚固。1752 年，当它从英国被送来费城时就被发现裂痕，几经重铸修补，裂痕仍不断出现，甚至越来越大，到了 1846 年华盛顿诞辰纪念时，裂痕已大到使它敲不出声响，只好宣告退休。为了保存这别具意义的象征物，2003 年将它移至新建成的中心里，以供来自四面八方的游客参观。

●第二银行肖像馆

🏠 4th St 与 5th St 之间的 Chestnut St 🎫 免费

这栋仿希腊式的雄伟建筑建于 1824 年，当时是美国第二银行总部。目前这里作为国家肖像馆的分馆，展出包括乔治·华盛顿、第一夫人多莉·麦迪逊、名画家查理·威尔森皮尔、莫霍克族酋长约瑟·布兰特等人在内的 100 多幅美国早期名人肖像画。

●国会厅

🏠 Chestnut St 与 6th St 路口 🕐 每日 09:00—17:00（4—10 月每 20 分钟一梯导览，3、11、12 月每 30 分钟一梯导览，1、2 月为自助导览）💲 免费（与独立厅使用相同的票进入）

国会厅位于独立厅西侧，建于 1787—1789 年，最初只是当作法院使用，但在 1790—1800 年费城作为美国首都期间，这里却是美国国会所在，也因此被称为国会厅。在这里所通过的最重要的法案当数 1791 年的《权利法案》（Bill of Rights），而乔治·华盛顿连任总统与约翰·亚当斯的总统就职典礼，也是在国会厅中举行的。

参观国会厅必须加入导览行程，1 楼是从前的众议院议场，2 楼则是参议院与议员助理的办公室。早期国会常称参议院为"上面的房间"，就是出于这个典故。

●国家宪法中心

🏠 525 Arch St ☎ 215-409-6600 🕐 周一至周五 09:30—17:00，周六 09:30—18:00，周日 12:00—17:00 💲 成人 $14.5，13~18 岁及 65 岁以上老人 $13，4~12 岁儿童 $8 🌐 constitutioncenter.org ❗ 主展厅禁止拍照

这是美国唯一以《美国宪法》为主题的博物馆，就位于宪法诞生的独立厅附近，不过当初的宪法原稿并不是收藏在这儿，而是保存在华盛顿特区的国家档案馆里。

此处展览包括一部 360 度屏幕的多媒体影片《自由崛起》（Freedom Rising），在短短 17 分钟内，就让观众身历美国建国 200 多年来的各个重要事件。这部影片每 30 分钟播放一次，直至闭馆前一个小时。至于主展览则是"我们人民的故事"（The Story of We the People），透

过各种交互式陈列，增进美国人的公民意识。例如，利用触碰式屏幕了解各行各业对美国国家的形塑，以及从大屏幕上观看自己正在宣誓就职美国总统等。

而签署者大厅（Signers' Hall）则有 42 尊等比例大小的铜像，包括华盛顿、富兰克林等各州代表，或站或坐，或交谈或沉思，重现当年签署宪法前的场面。而游客也可以加入他们的行列，一起见证这美国史上的伟大时刻。

●基督教堂

🏠 4th St 与 5th St 之间的 Arch St
🕐 3—11 月，周一至周六 10:00—16:00，周日 12:00—16:00，1、2 月休息 💲 成人 $2，5~16 岁 $1 ❗ 12 月的 11:00—15:30 可预约导览行程，成人 $7，儿童 $3

基督教堂始建于 1695 年，是美国第一座圣公会教堂，也是美国圣公派教会的诞生地。教堂在 18 世纪初改建后，以其 60 米高的尖塔，成为殖民地最高建筑达 83 年之久。作为费城最主要的教堂，包括乔治·华盛顿、本杰明·富兰克林、罗伯·莫里斯、贝特西·罗斯、本杰明·拉什等人，都曾在这里做过礼拜，因而常被称为"国家教堂"（Nation's Church）。

教堂墓园位于约两个路口外的国家宪法中心对面，埋葬于此的最有名的人物就是本杰明·富兰克林。时至今日，本杰明与其妻子笛波拉的墓上依旧放满了铜钱与鲜花，可见美国人对他的敬重与怀念。

●富兰克林庭院

🏠 入口在 Market St 与 Chestnut St 上（3rd St 与 4th St 之间）

在富兰克林 84 年的生命里，最

后 20 年就是住在这里的。当时他在大陆会议与国会中担任宾州代表，因此也是他人生中最重要的时期。可惜 1812 年时，他的子孙不愿维护老宅而将其故居拆除改建，只留下地基与粪坑，标示以前房子存在的位置。1976 年时，费城出身的普利策奖得主罗伯特·文丘里，利用框架集建出从前的房屋轮廓，让后人不致凭空想象故居的样貌。

而在庭院北侧有栋富兰克林邮局，这间以殖民时代为主题的邮局，是还在运作的邮局中唯一不升美国国旗的，这是因为当 1775 年富兰克林被任命为邮政部长时，星条旗尚未问世。邮局 2 楼还有个小巧的博物馆，展示邮政历史与文物。

● **木匠厅**

🏠 320 Chestnut St 🕒 10:00—16:00，周一及 1、2 月的周二休息 💲 免费 📱 www.ushistory.org/carpentershall

这栋乔治亚式风格的两层楼砖造建筑，是费城最古老的行会木匠公司的产业，大约建于 1770 年。1774 年第一次大陆会议就在这里举行，当时英国国会针对波士顿茶叶事件通过了《强制法案》，为了做出回应，各州代表们在这栋会议厅里起草了《权利宣言》与《致乔治三世请愿书》，揭开了美国独立的序幕。而就是在这里，帕特里克·亨利发表了如下演说："弗吉尼亚人、宾夕法尼亚人、纽约人、新英格兰人之间的区别已不再存在，如今我已不是弗吉尼亚人，我是美国人！"可说是美国人最早的身份认同。

而木匠厅旁还有间军事博物馆（New Hall Military Museum），展示过去美国各军种的武器、制服与旗帜等，同样免费参观。

● **本杰明·富兰克林博物馆**

🏠 位于 Franklin Court 🕒 每日 09:00—17:00（5 月底至 9 月初至 19:00）💲 成人 $5，4~16 岁 $2 ❗ 每日票额有限

本杰明·富兰克林不但是位政治家、外交家，同时也是成功的作家、出版商与发明家，最有名的事迹就是他在雷雨天里放风筝，以证明电的存在。这间近几年才成立的博物馆，以手工艺品、计算机动画及各种交互式展览为主，让游客认识这位开国元老多彩多姿的生平。

● 贝特西·罗斯故居

🚇 搭乘地铁 MFL 线至 2nd St 站，步行约 5 分钟 🏠 239 Arch St ☎ 215-629-5801#303 🕐 10:00—17:00，12 月至次年 2 月的周一休息 💲 成人 ＄5，老人及儿童 ＄4，语音导览则每人多收 ＄2 🌐 historicphiladelphia.org/betsy-ross-house

贝特西·罗斯是美国历史上最出名的女性之一，因为人们普遍认为，美国第一面星条旗就是出自她的手艺。这个故事原本只流传于罗斯的家族之间，直到一个世纪后，她的孙子将文献送交费城历史学会，才广为世人所知。故事是这样的，罗斯在革命前已是位相当成功的室内设计厂商，并和乔治·华盛顿相识，1777 年的某天，华盛顿走进她的店里，指派她缝制新的国家旗帜，后来她的设计获得议会通过，第一面美国国旗于是诞生。虽然罗斯的故事并没有其他文献佐证，但关于星条旗的诞生也同样缺乏资料否定，而在以男性为主的美国建国史中，罗斯的女性角色格外鲜明，使她成为美国家喻户晓的人物。

这栋建于 1740 年左右的排屋，今日以古董家具、复制品与罗斯个人所有物还原成 1777 年时的样貌。游客可以看到罗斯房间中堆放的布匹与缝纫工具，想象她当年临危受命的情景，尤其是 1777 年费城曾遭英军占领，罗斯必须让出屋内部分空间给英军进驻，使得缝制工作更加危险，因而也让罗斯的故事染上些许英雄色彩。

● 艾尔弗兰斯巷

🏠 124-126 Elfreth's Alley ☎ 215-627-8680 🕐 12:00-17:00 💲 每人＄5

在 Front St 与 2nd St 之间有条狭小的巷弄,看似寻常人家,却有种说不出的古朴气质。小巷以杰里迈亚·艾尔弗兰斯为名,他是 18 世纪初的一位铁匠,也是这条巷子的产权所有人。300 年来这里几乎维持原样,32 户混合乔治亚式与联邦式样的红砖建筑,加上以鹅卵石铺就的路面,皆是当时劳工阶级住宅区的典型风格。如今这里以"全美国最古老且仍有人居住的巷道"闻名于世,每天都吸引不少观光客前来游赏,如果想了解这里更多一点,巷子中还有间小小的博物馆开放。不过也请记得,艾尔弗兰斯巷仍是当地居民住家,参观时请保持安静。

● 南街

搭乘地铁 MFL 线至 2nd St 或 5th St 站，步行约 15 分钟

南街是费城市中心的南缘，最热闹的地方集中在东边，从 Front St 开始一直到 Broad St，近年来更有往 Broad St 以西延伸的趋势。这里最大的特色是什么都有，就是没有单调，300 多间店面、60 多家餐厅，卖的东西、装饰风格几乎没有重复，吸引了不同族群、不同年龄、不同职业的人一同走在大街上。同时这里也开了不少艺廊与表演场地，无论你喜欢的是朋克还是爵士，感兴趣的是前卫还是传统，在这里都能找到喜欢的东西。附带一提，费城干酪牛肉堡老店 Jim's Steaks，就是在南街与第 4 街的路口上。

● 宾恩登陆处

🚇 搭乘地铁 MFL 线至 2nd St 站，步行约 6 分钟 🌐 www.delawareriverwaterfront.com

这片位于特拉华河畔的公园，便是 1682 年威廉·宾恩登陆的地方，可经由 Chestnut St 与 Walnut St 东端的天桥前往。天桥尽头的大广场在夏天经常举办各种活动，像是免费露天电影院、音乐演唱会与文化节庆等，即使没有表演，人们也喜欢坐在看台或石椅上，眺望宽阔的特拉华河景与对岸新泽西的天际线。

而在独立海港博物馆以南的区域，则被称为港湾公园（Harbor Park），堤防内有天鹅船出租，每 30 分钟租金 10 美元。公园里有不少以货柜改装的餐饮店家，让游客坐在码头的露天座位上，悠闲地享用餐点。不过最抢眼的还是那艘打造于 1903 年的四桅帆船 Moshulu，今日已被改装为景观餐厅，供应当代新美式料理。

🌿 收获

费城市中心沿着特拉华河一带，便是当年威廉·宾恩登陆的地方，他在这里开发城镇，建立居民地与市政组织，由此展开日后费城的辉煌历史。如今这一区以独立国家历史公园为主，对孩子们而言，是比起书本更能具体了解美国开创史的地方。而除了公园里诸多与美国开国有关的历史建筑外，四周也有不少极富历史意义的景点，像是贝特西·罗斯故居、艾尔弗兰斯巷、宾恩登陆处等，古色古香的情景，会使人产生回到 18 世纪的错觉。而 City Tavern、Jim's Steaks South Street 和 Franklin Fountain 等，则是来到历史区一定要品尝的费城美味。

第二天

● 费城共济会会所

🚌 搭乘地铁 MFL 线，或 10、11、13、34、36 号电车，至 15th St 站，或地铁 BSL 线至 City Hall 站，步行约 4 分钟 🏠 1 N. Broad St ☎ 215-988-1917 ⏰ 周二至周五 10:00—15:00 每小时一梯导览（12:00 除外），周六的导览于 10:00、11:00、12:00 出发 💲 成人 $13、12 岁以下儿童 $5，只参观图书馆与博物馆为 $7 🌐 www.pagrandlodge.org

这里是共济会宾州总会所在，奠基于 1868 年，只花了 6 年时间便告完工。会所中世纪诺曼式的建筑外观，华丽而又不失庄严，大胆却又结构完整，尤其是线条繁复的花岗岩门廊，令人望之赞叹，很难想象负责设计的建筑师詹姆斯，当时年仅 27 岁。要参观会所内部必须参加导览，里面还有间小型博物馆，展示费城共济会的历史与文物。

● 市政厅

🚇 搭乘地铁 MFL 线，或 10、11、13、34、36 号电车，至 15th St 站，或地铁 BSL 线至 City Hall 站，出站即达 📍 Broad St 与 Market St 交会处 ☎ 215-686-2840 游客中心 🏠 位于 121 室 🕐 09:00—16:30 **市府塔观景台** 🕐 09:30—16:15，每 15 分钟一梯 🎫 成人＄6、老人及青年＄4、3 岁以下婴幼儿免费，门票为时段制 **内部导览行程（含观景台）** 🕐 12:30 出发，行程约 2 小时 🎫 成人＄12、老人及青年＄8、3 岁以下婴幼儿免费

费城宏伟气派的市政厅位于市区两条最重要的道路 Market St 与 Broad St 的交会处，在地理上居于全城的中心位置。这栋第二帝国风格的建筑由苏格兰裔建筑师小约翰·麦克阿瑟设计，自 1871 年开始动工，但由于规模浩大，直到 30 年后的 1901 年才落成。大楼北侧带有一座高 167 米的塔楼，原本兴建时打算使它成为世界最高建筑物，然而在建造过程中却先后被华盛顿纪念碑与埃菲尔铁塔超越，不过若是以楼房标准来说，直到 1908 年之前它都是世界第一高楼。同时这栋建筑并非由钢筋水泥支撑，主体以大理石砌造，塔顶是熟铁框架结构，目前在世界上是仅次于都灵安托内利尖塔的第二高砖石建筑。

市政厅最有特色的地方，就是塔顶高 11 米的威廉·宾恩铜像，雕塑者为亚历山大·考尔德。虽然宾恩像距离地面遥远，通常只能看到轮廓，但其实这尊雕像有着不可思议的精致细节，包括五官表情、衣饰皱褶，甚至宾恩手中特许状上的文字，全都一丝不苟地刻了出来。而宾恩面朝着的东北方，便是他当年与原住民签约之地。过去费城的城市建设有个不成文的规矩，就是任何建筑在高度上都不能超过宾恩雕像，然而 1987 年自由大厦（Liberty Place）却打破行规，为求问心无愧，新高楼的顶部也放了尊小型宾恩像。

如今来到市政厅，可在 121 室的游客中心报名参加导览行程，走访市长接待室、交谊厅、干部会议室与州最高法院，也可登上塔顶观景台，俯瞰费城的城市风景。

● 梅西百货

搭乘地铁 MFL 线，或 10、11、13、34、36 号电车，至 13th St 站，出站即达 🏠 1300 Market St ☎ 215-241-9000 🕘 周一至周三 09:00—20:00，周四 09:00—21:00，周五、周六 09:00—22:00，周日 11:00—19:00 🔗 l.macys.com/philadelphia-pa

费城这栋梅西百货的前身正是大名鼎鼎的沃纳梅克百货公司（Wanamaker Department Store），由有"百货公司之父"之称的约翰·沃纳梅克兴建于 1902 年，在当时是全球首屈一指的购物商场。在这里血拼之余，还可以看到目前世界最大的管风琴，这座管风琴第一次演奏是在 1911 年，100 多年来演奏不歇，直到今日，每天仍能听见两次它庄严和谐的琴声。另一件著名之物是大厅里的那只铜鹰，这是德国名雕刻家高尔的作品，约翰·沃纳梅克于 1904 年在圣路易世界博览会上将它买下后便摆放在这里，经常成为人们相约时的指定目标物。

● 中国城

搭乘地铁 MFL 线至 11th St 站，步行约 5 分钟 北起 Vine St，南迄 Arch St，东自 7th St，西至 Broad St

费城中国城的历史可上溯至 19 世纪中期，当时开始有广东的移民来到这里，以经营餐馆及洗衣店营生。随着华人移民越来越多，中国城的范围也越来越大，成为美国有名的华埠之一。位于第 10 街与 Arch St 路口的友谊门，是 1984 年天津市送给姐妹市费城的礼物，这是美国第一座以中国传统工法建造的地道牌楼，也是费城中国城的地标。中国城内以第 10 街、Arch St 与 Race St 上最为热闹，除了中国餐馆，也有不少日、韩、越、泰料理，像是峨眉山庄、兰州拉面、点心园等，都是这里的人气店家。

● 瑞汀车站市场

搭乘地铁 MFL 线至 11th St 站，步行约 4 分钟　51 N. 12th St　215-922-2317　周一至周六 08:00—18:00，周日 09:00—17:00　www.readingterminalmarket.org

1892 年，瑞汀铁路公司在费城车站的铁轨下方设立了一座面积广达 7000 多平方米的室内市场，当时共有 800 多个摊贩，各自兜售来自当地的新鲜农产品以及海外进口的特色食材，肉类、吉士、蔬果、海鲜、香料、花卉，加上各式熟食与面包，让这里每日熙熙攘攘，而上瑞汀车站市场买菜与用餐，也成了费城市民好几代以来的生活传统。

然而 1971 年，瑞汀铁路申请破产，市场于是迅速没落，到了 20 世纪 70 年代末，市场里只剩下 23 个摊商。80 年代，瑞汀公司决定着手修缮，并协同 SEPTA 将铁路自市场上方移开，在市场旁另建一座市场东火车站（Market East，即今日的 Jefferson 车站），而市场经营权也于 1990 年由宾州会展中心管理局接手。在各方努力下，市场又逐渐恢复往日的繁荣。

目前市场内的商家约有 80 多个，其中包括不少阿米希人的摊贩，他们每天一早从兰开斯特前来，大多贩卖熟食、糕点与奶酪农产品。如果你到这里不知该吃些什么，在此给你一些建议，像是以猪肉三明治闻名的 Tommy DiNic's、号称最好吃的阿米希早餐的 Dutch Eating Place、专卖扭结热狗卷的 Miller's Twist 与老字号冰激凌店 Bassetts Ice Cream 等，都很值得一试。

● 费城魔幻花园

🚇 搭乘地铁 BSL 线至 Lombard-South 站，步行约 7 分钟 🏠 1020 South St ☎ 215-733-0390 🕐 11:00~18:00（周五、周六至 20:00）💰 成人＄7，老人＄5，6~12 岁儿童＄3 🌐 www.phillymagicgardens.org ❗ 周六、周日专人导览于 12:00 及 16:00 出发，成人＄10、6~12 岁儿童＄6、5 岁以下儿童＄3，价钱含门票

以塞亚・萨加毕业于布鲁克林的普瑞特艺术学院，他 19 岁那年在胡士托看到室外艺术家克拉伦斯・施密特的作品，启发了他对室外艺术的兴趣，后来又受到西蒙・罗迪阿的华兹塔与费迪南德・薛瓦勒的理想宫等作品鼓舞，一种新的艺术思想逐渐在他脑中成形。1994 年时，他烧制了数以千计的马赛克瓷砖，开始拼贴其工作室外墙，接着，他在隔壁空地上挖掘出隧道与洞穴，然后花了 14 年光阴，以瓷砖、碎瓷器、人偶、脚踏车轮、彩色玻璃瓶与上千面镜子，一步步构筑出这座马赛克雕塑花园。这件惊人的巨作立刻得到世人重视，为了不让这绮丽玄幻的花园毁于一旦，当地艺术协会与社区居民纷纷资助他将土地所有权买下，并开放成景点，让一般民众也能进入他的超现实世界。

除了这片魔幻花园，萨加在南街一带还有 30 多幅马赛克壁画，而在费城艺术博物馆与宾州艺术学院中，也能看到他的作品。

🌀 收获

除了参观历史建筑外，在宾州会展中心附近，是费城繁忙的商业地段，有许多商家、百货能逛。而这里最热闹的就是拥有众多美味食堂的瑞汀车站市场，市场东北边的中国城也不遑多让，口味地道的亚洲餐馆与极具风格的东方商行，让街道上总是不乏西方脸孔。而南边的华盛顿广场是座绿意盎然的小公园，附近的古董街（Antique Row）与珠宝街（Jewelers' Row）都是这一区的特色街道。到了夜晚，梅西百货南边的中城村（Midtown Village）里餐厅、酒吧纷纷开张营业，人潮更是汹涌。

第三天

● 爱之公园

🚇 搭乘地铁 MFL 线，或 10、11、13、34、36 号电车至 15th St 站，或地铁 BSL 线至 City Hall 站，步行约 2 分钟 🏠 N. 16th St 与 JFK Blvd 路口

这座公园原名肯尼迪广场（JFK Plaza），但因为波普艺术家罗伯·印地安纳（Robert Indiana）的"Love"雕塑，人们早已习惯称呼它为"爱之公园"。印地安纳早期已有不少有关"Love"的平面设计作品，后来他开始以耐候钢做出实体雕塑，使得这个系列更加声名大噪，如今在世界多个地方，包括纽约、伦敦、新加坡等地都能看到这件作品。

费城的"Love"雕塑最初是 1976 年时作为临时装置艺术而放在公园里的，因为太受喜爱，政府艺术部门决定将其买下，永久展示。硕大鲜红的 Love 字样置于中空的铁架上，让彼此有爱的人们可以站在下方拍照留念。Love 后方是座定期更换颜色的喷水池，再后面就是公园大道与大道尽头的费城艺术博物馆，这样的背景与构图，使爱之公园逐渐取代独立厅，成为费城的招牌地标。

● 巴恩斯基金会

搭乘地铁 BSL 线至 Race-Vine 站，步行约 13 分钟。或是搭乘 PHLASH 循环巴士至第 7 站。若开车前往，停车场前 4 小时为 $12，之后每小时增加 $2 🏠 320 N. 20th St ☎ 215-278-7000 🕐 10:00—17:00（夏季周六至 19:00，周日至 18:00）💴 成人 $22，65 岁以上老人 $20，6~18 岁 $10 🌐 www.barnesfoundation.org ❗ 门票含语音导览；周末的成人票与老人票多收 $3；馆内禁止拍照摄影

阿尔伯特·巴恩斯（Albert Barnes）是费城出生的药厂老板，20 世纪初他在欧洲经营生意时，透过时在巴黎的同乡画家威廉姆·格拉肯斯买了不少名画，开始了他的收藏家生涯。他的收藏以后印象派与早期美国现代主义为主流，光是雷诺阿的画就有 181 幅，另外还有 69 件塞尚、59 件马蒂斯与 46 件毕加索的作品，其他著名画家的收藏更是不计其数。

不过这里最特别的是巴恩斯布置画作的方式，不像传统博物馆那样以年代及流派分类，他是以内容、体裁甚至是色彩来做安排，因此你可以很容易比较各画派对浴女的诠释、各时代对肖像的观点；明代仕女图隔壁放了鲁本斯的裸女，塞尚与波西的画作也能相互辉映。而在画的周围还布置了雕塑、家具、钥匙、钩环等工艺品，加上室内的光线与空间配置，赫然发现其实巴恩斯本身也在创作，墙壁就是他的画布，名画成为他的构图，而其他装饰则是他的笔触，最后整个墙面便是一件完整的艺术作品。

● 罗丹博物馆

搭乘地铁 MFL 线，或 10、11、13、34、36 号电车至 15th St 站，出站后步行至 15th St 与 JFK Blvd 路口换乘往 Wissahickon Transportation Center 方向的 38 号公交车，至 Ben Franklin Pkwy/22nd St 站即达。或是搭乘 PHLASH 循环巴士至第 8 站 🏠 2151 Benjamin Franklin Pkwy ☎ 215-763-8100 🕙 10:00—17:00 💰 成人 $10，65 岁以上老人 $8，13~18 岁 $7，12 岁以下儿童免费（可同时参观费城艺术博物馆的两日票为 $20）🌐 www.rodinmuseum.org ❗ 周六、周日与费城艺术博物馆之间有免费接驳车，每小时的 45 分从艺术博物馆西门发车，每小时的 50 分从罗丹博物馆发车

这是剧院大亨朱勒·马斯鲍姆送给故乡费城的礼物，他从 1923 年开始，便以创立博物馆为目的搜集罗丹的作品，并请来法国建筑师保罗·克雷特与雅克·格里博为他设计博物馆建筑。当博物馆于 1929 年开幕时，已拥有除巴黎外世界最庞大的罗丹收藏。

这间博物馆最棒的地方在于，你还不用付门票，就能在庭院中看到罗丹最著名的几件大型创作，包括《沉思者》（The Thinker）、《加莱义民》（The Burghers of Calais）、《三个亡灵》（The Three Shades）等。而从《地狱之门》（The Gate of Hell）旁的大门买票进去后，则能欣赏馆内更丰富的收藏，像是《殉道者》（The Martyr）、《号召武装》（The Call to Arms），以及一系列以小说家巴尔扎克（Honoré de Balzac）为题材的雕塑。

● 富兰克林研究院

搭乘地铁 BSL 线至 Race-Vine 站，步行约 13 分钟。或是搭乘 PHLASH 循环巴士至第 16 站。若开车前往，停车场 1 小时 $9，1~5 小时 $15，5~12 小时 $20，当日最多 $25 ⌂ 222 N. 20th St ☎ 215-448-1200 ◷ 每日 09:30—17:00（夏季延长至 19:00） ₩ 成人 $19.95，3~11 岁儿童 $15.95（不含特展）🖥 www.fi.edu

众所周知，本杰明·富兰克林不但是杰出的政治家与商人，也是位科学家与发明家。为了延续富兰克林的实验精神，这间研究院于 1824 年成立，是 19 世纪美国重要的科学研究及教育机构，对美国近代工业发展起着不可忽视的助力。到了 1934 年，这里又开放部分空间为科学博物馆，让一般民众也能认识科学的魅力。这里的展示丰富多元，而且绝大多数都以多媒体互动，借着设计精巧的游戏与实际动手操作，不论大人小孩都能乐在其中。有名的展览包括"巨大心脏""你的大脑""运动科学""电力原理""航天科技"等，另外还有一间 IMAX 剧场与天文台。

而富兰克林纪念馆则位于 2 楼的博物馆正门附近，前来参观的游客都会先去向富兰克林致敬。

● 自由大厦观景台

🚇 搭乘地铁 MFL 线，或 10、11、13、34、36 号电车至 15th St 站，或地铁 BSL 线至 City Hall 站，步行约 4 分钟　🏠 1650 Market St　☎ 215-561-3325　🕙 10:00—22:00　🎫 一般票：成人 $19，3~11 岁儿童 $14。快速通关票：成人 $29，儿童 $21。日夜票（48 小时内登楼 2 次）：成人 $26，儿童 $20　💻 www.phillyfromthetop.com

　　总高 288 米 的自由大厦（Liberty Place）是费城第二高楼，虽然早在 1987 年就已建成，不过直到 2015 年 11 月底才将顶楼开放为观景台，并立刻成为费城最具人气的新景点！观景台位于大楼 57 楼处，距离地面约 269 米，从这里可以 360 度观看费城街景，像是市政厅、爱之公园、富兰克林公园大道、大学城等都一览无遗。其上下楼的电梯和纽约世贸一号大楼观景台一样，也有精彩炫目的多媒体影音效果，而观景台上的景观展示板，更有交互式的介绍功能。

　　观景台底层有许多关于费城不同面相的影音展示，包括音乐、体育、艺术、生活等。在这里你会看到一双大脚，想知道是谁，来到顶楼就能恍然大悟，富兰克林的头就位于观景台中央，体现了他在费城人心目中的巨人形象。

● 核桃街

🚇 搭乘地铁 BSL 线至 Walnut Locust 站，出站即达

横贯费城市区的核桃街以靠近黎顿豪斯广场的一段最为热闹，精品名店聚集所带来的人潮效应，让这条街上的店家租金名列全美前十名。像是从费城起家的服饰品牌 Urban Outfitters 与 Anthropologie，旗舰店就分别位于 17 街与 18 街的路口，其他如 Ann Taylor、Zara、Intermix、Jack Wills、Juicy Couture、loft、Club Monaco、Apple Store 等，也都把在费城的总店开设在这里。如果想在美国买些当季的流行服饰回去，建议可以在费城下手，因为服饰衣物免税的政策可不是每个城市都有的。

● 黎顿豪斯广场

🚇 搭乘地铁 BSL 线至 Walnut Locust 站，步行约 8 分钟。或搭乘 PATCO 列车至 15–16th St & Locust 站，步行约 3 分钟 🏠 18th St 与 Walnut St 路口

黎顿豪斯广场之名得自长住于费城的天文学家戴维·黎顿豪斯。这座气氛娱娱的小公园当中有喷水池与多个公共艺术雕塑，平常就是费城人散步玩耍的地方，假日也常举办艺术市集等活动。不过这里吸引观光客的并不是公园本身，而是它周边的街区。这一带由于环境优雅，很早就是费城的高级住宅区，今日法国餐馆、露天咖啡座、精品酒店、文青书局等，沿着公园四周一间接连一间；而附近巷弄里的酒吧夜店，每间都拥有独特的个性，让黎顿豪斯广场也成了费城的夜生活中心。

🌰 收获

费城的道路大多为水平与垂直的棋盘格设计，唯有这条本杰明·富兰克林公园大道以 45 度角从爱之公园延伸出去。当初规划这条道路时是以巴黎香榭丽舍大道为蓝本的，费城最重要的博物馆如巴恩斯基金会、富兰克林研究院、罗丹博物馆等，就排列于大道两侧。不管是亲子一同欣赏有名的艺术品还是带孩子去富兰克林研究院玩互动游戏、借实际操作来了解科学原理，都是兼具学习与玩乐的有趣体验。

博物馆区南方的黎顿豪斯广场一带，遍布高级精品店、法式餐馆、露天咖啡座与特色酒吧，美食、购物两大旅游乐趣，在这里一次满足。

第四天

● 西蒙尼基金会博物馆

🚌 搭乘地铁 BSL 线至 Snyder 站，换乘往 Chester 的 37 号公交车，在 Essington Ave/67th St 站下车，步行约 8 分钟 🏠 6825 Norwitch Dr ☎ 215-365-7233 🕙 10:00—18:00（周六、周日至 16:00）💴 每人 $12，8 岁以下儿童免费 🌐 www.simeonemuseum.org

西蒙尼医生是美国有名的神经外科权威，不过现在他的赛车可能比他本人更有名。西蒙尼曾经花了超过 50 年时间收集赛车，他所收藏的车皆实际参加过各类型赛事，或是具有指标性意义，从 1909 年的 American Underslung 到 1990 年的日产 300ZX Twin Turbo，总共 65 辆。随着西蒙尼年事渐高，他担心这些珍爱的收藏将来缺乏照顾，于是在 2008 年成立基金会，将赛车全数捐出，并开放为博物馆向公众展示。

这些赛车多数依曾参与的比赛分类，像是利曼 24 小时耐力赛、纳斯卡大赛、老爷车限定的意大利千里赛等。而利曼展示区中，1970 年的保时捷 917 与 1962 年的法拉利 250 GTO，应是国内车迷们较为熟悉的车型；而曾经参加 1921 年格兰披治大赛的 Duesenberg 183，则是第一辆在国际赛中夺冠的美国车。说起冠军，最后一定要到 Winner's Circle 拜见，这里展示了 5 辆冠军车，包括 1927 年奔驰 S-Type Sportwagen、1936 年布加迪 Type 57G Tank、1938 年阿尔法·罗密欧 8C 2900B MM Spyder、1952 年康宁汉 C-4R Roadster 与 1958 年阿斯顿·马丁 DBR1。

这些车不仅外观保养得极好，性能也维持在当初水平，馆方每月会举办两次展示日，将部分赛车开到后方停车场上，届时人们不但能听见它们活力十足的引擎声响，还能一睹它们过弯甩尾的风采。

● 大学城

🚇 搭乘地铁 MFL 线至 30th St 或 34th St 站，出站即达

宾州大学（University of Pennsylvania）最初于 1740 年时由本杰明·富兰克林所创，是常春藤的 8 所盟校之一，以医学院、商学院与法学院闻名于世，是美国数一数二的名校。1872 年，宾州大学从市中心搬到斯库尔基尔河西岸后，逐渐扩展其规模，形成了今日的大学城。

校园里的气氛宁静典雅，古色古香的建筑油然散发出学术气质，而餐厅与商店大多开在 34 街以西的 Sansom St、Walnut St 与 Moravian St 上，在那一带又另有一股青春活力。大学城中还有另一所卓克索大学（Drexel University），也是全美排行名列前茅的学校。

● 宾恩博物馆

搭乘地铁 MFL 线至 34th St 站，步行约 11 分钟。或搭乘 10、11、13、34、36 号电车至 33rd St 站，步行约 8 分钟　3260 South St　215-898-4000　10:00—17:00（每月第一个周三至 20:00）　成人 $15、65 岁以上老人 $13、6~17 岁 $10　www.penn.museum　夏季门票一律 $10

　　成立于 1887 年的宾恩博物馆是宾州大学的一部分，这里保存了世界重要的考古学与人类学收藏，其中有不少来自《旧约圣经》中所记述的那个世界。著名的馆藏包括一尊 15 吨重的狮身人面像，这座巨像以红花岗岩刻成，年代可上溯至公元前 20 世纪的中王国时代，而在公元前 13 世纪时，著名法老拉美西斯二世又对它重新雕刻过，是目前西半球最巨大的狮身人面像。博物馆里也收藏了距今约 5000 年前的埃及象形文字，以及多个木乃伊，在半开放的木乃伊实验室中，还可看到考古科学家们正在对木乃伊进行研究工作。

　　另一处重点馆藏是出土自乌尔皇陵（今伊拉克）的陪葬品，年代距今约 4500 年，包括以天青石及纯金打造的牛头里拉琴、灌木林中的公羊雕像、金箔头冠等。其他国家例如美索不达米亚、古代地中海沿岸、西非、中南美洲、亚洲等，都有丰富文物在此展示。

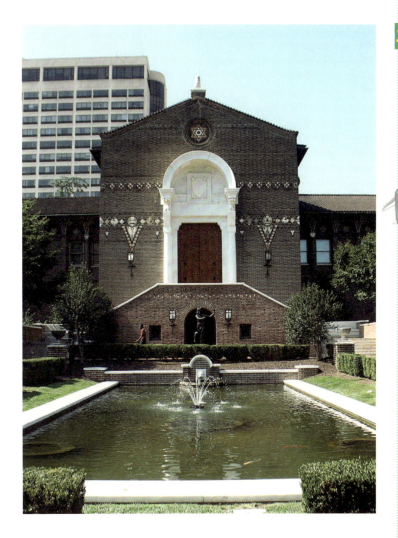

🌀 收获

　　虽然费城景点大都集中在市中心，但市中心以外有些地方也是你不能不去的，像是费城国际机场附近的西蒙尼基金会博物馆，就是如果错过会相当扼腕的景点。不管是大人还是小孩，只要是赛车爱好者就绝对要来此参观。而斯库尔基尔河西岸的大学城，除了有建筑优美的宾大校园，当中的宾恩博物馆更是美国考古学界最精彩的展示之一，从世界各国出土的珍贵文物，一定能让孩子大开眼界，收获满满。

费城吃住行

吃

● City Tavern

历史上的 City Tavern 开业于1773年，来年大陆会议在费城召开，这间餐厅就成了各州代表们最常聚餐的地点。

🏠 138 S. 2nd St
☎ 215-413-1443
🌐 www.citytavern.com

● Jim's Steaks South Street

吉士牛肉堡是费城的招牌美食，而 Jim's Steaks 则是费城吉士牛肉堡的招牌！

🏠 400 South St
☎ 215-928-1911
🌐 www.jimssouthstreet.com

● Barbuzzo

Barbuzzo 卖的是新式地中海料理，有许多充满创意的菜色，例如在其著名的柴烧比萨上，红西洋梨、糖蜜石榴、风干猪颊肉、茄子等，通通都可以当作配料，包管在其他地方吃不到相同的口味。

🏠 110 S. 13th St
☎ 215-546-9300
🌐 www.barbuzzo.com

● Tommy DiNic's

自20世纪50年代开始兼售三明治以来，该店名气日渐响亮，现在更是瑞汀车站市场里的活招牌，许多初来的游客都在这里享用他们的费城第一餐。

🏠 在瑞汀车站市场内
☎ 215-923-6175
🌐 www.tommydinics.com

● Alma de Cuba

该店主打新式古巴料理，如果人数多，建议点个三五份 Ceviche 当开胃菜，这是古巴人的生鱼片，以青柠汁腌制各种新鲜海味，风味十分特别。主餐方面从海鲜到牛排都有，在传统古巴菜基础上，融入现代创意精神，做出令人兴奋的美味。

🏠 1623 Walnut St
☎ 215-988-1799
🌐 www.almadecubarestaurant.com

● Franklin Fountain

这里制作冰激凌的鲜乳就来自费城西北边的草饲牧场，每日新鲜直送，口感自然香醇。而且冰激凌的口味众多，使用的全是上等天然原料，不过建议一次尝试一种口味就好，因为一个球的个头真不是一般的大，不吃快点就要融化了呢。

🏠 116 Market St
☎ 215-627-1899
🌐 www.franklinfountain.com

● Amada

Amada 是间结合传统与新潮的西班牙餐馆，在傍晚的 Happy Hour 也供应选择丰富的 Tapas 小菜。若是预算充裕，建议预订个晚餐时段的桌子，点份新式主厨套餐，才能真正见识到料理铁人的实力。

🏠 217-219 Chestnut St
☎ 215-625-2450
🌐 philadelphia.amadarestaurant.com

● 2nd Story Brewing Company

酒吧一如其名，酿酒厂就位于2楼，发酵槽的底下就是吧台与啤酒喷嘴，透过大片玻璃可以观看整个酿酒过程。啤酒的口味会依季节而做更换，但总数会维持在10种左右。这里也有鸡翅、淡菜等下酒菜，以及汉堡、比萨等餐点。

🏠 117 Chestnut St
☎ 267-314-5770
🌐 www.2ndstorybrewing.com

🛏️ 住

Le Meridien Philadelphia
🏠 99 S. 17th St（在 Liberty Place 中）
☎️ 215-563-1600
🌐 www.starwoodhotels.com/westin

Alexander Inn
🏠 301 S. 12th St
☎️ 215-923-3535
🌐 www.alexanderinn.com

The Independent Hotel
🏠 1234 Locust St
☎️ 215-772-1440
🌐 theindependenthotel.com

Morris House Hotel
🏠 225 S. 8th St
☎️ 215-922-2446
🌐 morrishousehotel.com

Omni Hotel at Independence Park
🏠 401 Chestnut St
☎️ 215-925-0000
🌐 www.omnihotels.com

Loews Philadelphia Hotel
🏠 1200 Market St
☎️ 215-627-1200、888-575-6397
🌐 www.loewshotels.com/
   philadelphia-hotel

BEST WESTERN PLUS Independence Park Hotel
🏠 235 Chestnut St
☎️ 215-922-4443、800-624-2988
🌐 book.bestwestern.com

🚗 行

● 市区交通

费城的大众运输工具由宾州东南地区交通局（SEPTA）营运，包括地铁、区域铁路、电车、轻轨、公交车等。

宾州东南地区交通局
☎️ 215-580-7800
🌐 www.septa.org

地铁 Subway

费城地铁只有东西向的 Market-Frankford Line（简称 MFL）与南北向的 Broad Street Line（简称 BSL）两条，在市中心呈十字状交会于市政厅。虽然路线极少，但费城市中心其实也不大，前往大部分景点都还算容易。

地铁站台位于轨道两侧，部分车站内的站台没有站内通道相连，因此务必先看清楚入口上标示的站台方向再下去。地铁营运时间为每日05:00—24:00，平日白天约6~10分钟就有一班，凌晨则由夜间巴士接驳。

地铁无论远近皆是统一票价，若在闸门口投零钱，或向售票员买单程票，每趟是＄2.25。更划算的方式是，计算你在费城期间可能搭乘的次数，然后去代币机购买代币，2个代币＄3.6，3个代币＄5.4，5个代币＄9，7个代币＄12，每个代币可以搭乘1趟，这样平均每趟只要

$1.8。如果会在一天之内大量搭乘，则可向售票员购买一日票（One Day Convenience Pass），这种在闸门口由售票员剪洞的纸卡（相当复古），每张$8，可于当日内搭乘8次，平均每趟只要$1。另外也有贩卖$24的周票与$91的月票，假使你会在费城待这么长时间的话。

❗ 以上包括代币在内的各种票卡，皆通用于地铁、电车与公交车。若有需要换乘不同交通工具，在首趟搭乘前，就要先买好$1的换乘票。至于4岁以下儿童则是免费，但每位付费成人限带2名。

电车与公交车 Trolley Line & Bus

费城有8条电车路线与121条公交车路线，以弥补地铁之不足。其中最常被游客搭乘的是从市政厅前往大学城一带的10、11、13、34、36号电车，这几条路线在市区都是地下轨道，并常与地铁站共享入口。另外还有行驶于Girard Ave路面上的无轨电车15号线，以及行驶于市区西郊的有轨电车101、102号线。电车与公交车的车票机制与地铁通用。

PHLASH 循环巴士

由于费城有些景点并不在地铁站与电车站附近，公交车路线又太复杂，这时不妨搭乘PHLASH循环巴士。PHLASH行经的景点包括：宾恩登陆处、独立公园游客中心、瑞汀车站市场、爱之公园、圣彼得与保罗主教堂、巴恩斯基金会艺术博物馆、罗丹博物馆、东方州立监狱、费城艺术博物馆、费城动物园、富兰克林研究院科学博物馆、Suburban火车站、自由广场购物中心等。

🕐 4月底至次年1月初每日10:00—18:00（9月初至11月底仅周五至周日），约15分钟一班

💵 单程票$2，一日票$5，4岁以下儿童及65岁以上老人免费

🌐 phlvisitorcenter.com/tour/philly-phlash

PATCO Line

由特拉华河港务局营运的PATCO列车，连接费城市中心黎顿豪斯广场一带与新泽西的肯顿，共有13个车站，其中4个位于费城市区。若只在费城市内移动，单程票为$1.4，过了特拉华河则依距离收费，但最多不超过$3。若是在新泽西购买前往费城的来回票（$3.1），到了费城后可换乘SEPTA的地铁、电车或公交车1次。

🌐 www.ridepatco.org

区域铁路 Regional Rail

由SEPTA营运的区域铁路通往费城大都会区的各个城镇，是当地居民通勤的重要交通工具。费城市中心的3个主要车站分别为瑞汀车站市场旁的Jefferson站、爱之公园旁的Suburban站，及大学城的30th Street火车站。票价分成5个区段，又有平日白天、夜间及周末之别，而且事先预购的票价又会比现场购买便宜。如有搭乘需要，可上SEPTA官网查询票价。

高速轻轨 Norristown High Speed Line

SEPTA的高速轻轨连接市中心西边的69街转运站与费城西北边的

Norristown，一般游客不太有机会搭乘。现金单程票为＄2.75，购买代币的价钱则比地铁代币多＄0.5。

出租车

费城出租车起步价为＄2.7，行驶每英里增加＄2.3，每趟燃油附加费为＄0.65，过路费另外计算。若有放在后车厢的大件行李，无须另外付费，至于司机小费则是总车资的15%~20%。

开车

隔开宾州与新泽西的特拉华河上，靠近费城市区河段有4座桥梁，由特拉华河港务局（DRPA）管理，从北到南分别为 Bestsy Ross Bridge（NJ-90）、Benjamin Franklin Bridge（I-676 / US-30）、Walt Whitman Bridge（I-76）与 Commodore Barry Bridge（US-322）。

¥ 这4座大桥都是西向收费，也就是从新泽西到费城需支付过路费，而从费城到新泽西则免费。如果你开的是一般小客车，过路费为＄5。

● 观光行程

随上随下观光巴士 Big Bus Company Tour

在世界各主要观光城市，都能看到双层露天的观光巴士。而费城的大巴，从独立国家历史公园到费城艺术博物馆，几乎城内所有景点都在路线上，而且乘客可以在每一站任意上下

车，解决了不少在景点间移动的交通问题。车票可在各网站购买，事先在官网上购票另有折扣优惠。

☎ 215-389-8687

💴 1日票：成人＄35，儿童＄10。2日票：成人＄35，儿童＄12。3日票：成人＄53，儿童＄25

🌐 eng.bigbustours.com/philadelphia/home.html

鸭子船 Ride the Ducks

乘坐由第二次世界大战两栖登陆艇改装的鸭子船，不但能在费城市区穿梭于各景点之间，还能下水航行在特拉华河上，探访对岸新泽西的沿河景点。

🏠 出发及售票处在 6th St 与 Chestnut St 转角（自由钟中心对面）

☎ 877-887-8225

🕐 4—11月周六、周日 11:00—15:00，行程约 80 分钟

💴 成人＄29，62岁以上老人＄27，4~12岁儿童＄19，3岁以下婴幼儿＄5

🌐 philadelphia.ridetheducks.com

历史散步行程 Constitutional Walking Tour

这趟长约 2000 米的散步行程，路线包括独立厅、自由钟、贝特西·罗斯故居等 20 个历史景点，在专业导游解说下，对每个景点背后的历史故事都能获得充分认识。

🏠 集合地点在国家宪法中心正门外的石长椅

☎ 215-525-1776

🕐 4—11月周一至周六 10:00、12:00、14:00，周日 11:00、13:00、15:00，行程约 75 分钟

💴 成人＄19，3~12岁儿童＄12.5

🌐 www.theconstitutional.com

壁画散步行程 Mural Arts Tour

由费城壁画计划协会推出的散步行程，以 Market St 为界分为南、北两条路线，带领游客一一走访城市里精致缤纷的巨型壁画。

🏠 出发处在宾州艺术学院大厅

☎ 215-925-3633

🕐 4—11月周六、周日 11:00 出发（周六走南线，周日走北线）

💴 每人＄20

🌐 muralarts.org/tour

❗ 6—8月周三 11:00 增加从 229 Arch St 出发的行程

● 优惠票券

Philadelphia CityPASS

这本通票当中共有 5 张票券，前 3 张分别为富兰克林研究院科学博物馆门票、Big Bus 随上随下观光巴士车票、特拉华河东岸的探险水族馆门票；后 2 张为选择票券，可参观国家宪法中心或费城动物园、东方州立监狱或请触摸儿童博物馆（Please Touch Museum）。如果全部用上的话，可省下 47% 的费用。票券有效期为 9 天，自第一张票券使用起计算。

CityPASS 可在上述各景点现场购买，也可在网站上使用信用卡预购。官网购买可选择邮寄或打印购买凭证，选择将购买凭证打印下来还是最简单的方式，到了费城后，至第一个参观景点换取实体票券即可（须于购买起 6 个月内换取）。

💴 成人＄62，2~12岁儿童＄39

🌐 www.citypass.com/philadelphia

The Philadelphia Pass

Philadelphia Pass 可使用于 43 个景点与观光行程，在另外 18 家商店、餐厅、娱乐活动中消费，也有不同优惠。票卡有效期为连续的 1、2、3、5 日，自第一次使用起计算，由于是以刷卡日期而非时间为准，因此如果买 3 日卡，周一无论几点开始使用，都只能用到周三。Philadelphia Pass 可在游客中心与国家宪法中心买到，不过在官网上购买才有折扣优惠。

- 💲 1 日卡：成人 $55，4~12 岁儿童 $39。2 日卡：成人 $80，儿童 $65。3 日卡：成人 $100（官网购买 $80），儿童 $80（官网购买 $64）。5 日卡：成人 $115（官网购买 $92），儿童 $95（官网购买 $76）
- 🌐 www.philadelphiapass.com

● 旅游咨询

费城旅游局 PHLCVB
- 🏠 1601 Market St, Suite 200
- ☎ 215-636-3300
- 🌐 www.discoverphl.com

独立公园游客中心
- 🏠 6th St 与 Market St 路口
- ☎ 215-965-2305 、800-537-7676
- 🕐 每日 08:30—18:00（5 月底至 9 月初至 19:00）

市政厅游客中心
- 🏠 市政厅内第 121 室
- 🕐 周一至周五 09:00—17:00

爱之公园游客中心
- 🏠 16th St 与 JFK Blvd 路口
- 🕐 周一至周六 10:00—17:00

宾州会展中心游客中心
- 🏠 1101 Arch St

梅西百货游客中心
- 🏠 13th St 与 Market St 路口

姐妹城市公园游客中心
- 🏠 18th St 与 Benjamin Franklin Pkwy 路口
- 🕐 5—10 月每日 09:30—17:30

第 三 章
看名校一定要去的
2 条路线

东部名校游

东部名校概况

剑桥市的名字来自英国的剑桥大学（University of Cambridge），因为早期移民中有不少重要人士都是剑桥大学的校友，而他们也希望这里可以像他们的母校一样，发展成文风鼎盛的大学城。后来这里的"新学院"果然不负众望，成为全美首屈一指的名校——哈佛大学，再加上创立于 1861 年的理工科第一志愿——麻省理工学院（MIT），让美国的剑桥确实不亚于英国的剑桥，独占美国高等教育中心鳌头。而毕业于这两所学校的诺贝尔奖得主，几乎占了历年来所有名单的 1/6。除了吸引莘莘学子负笈前来，校园浓厚的学术气息更让这里游客如织，成为本地的旅游卖点。此外，由于 8 所常春藤盟校都同样位于东北地区，一定要选择其中几间前往参观，一睹世界名校的风貌。

线路推荐

第一天： 哈佛大学—麻省理工学院（MIT）—耶鲁大学
第二天： 哥伦比亚大学—普林斯顿大学

第一天

● 哈佛大学

身为美国私立常春藤联盟（Ivy League）名校的哈佛大学，是全美历史最悠久的高等学府，其校史甚至比美利坚合众国还要长。1636年草创时名为"新学院"（New College），目的是训练殖民地的神职人员；两年后，一位名叫约翰·哈佛的牧师临终前，将大笔遗产和超过400本藏书捐给该校，使学院得以迅速扩充规模，为了感念其恩德，该校在1639年将校名改为哈佛学院。

由于该校早期领导者中，许多人都曾在英国剑桥大学接受教育，因此延续英国大学的授课方式，不过却也符合当地的清教徒伦理。到了19世纪初，随着经营权易手，哈佛体制内的教育逐渐和宗教分离；19世纪中叶因为和联邦主义者结盟，发展出一连串的私人社群，促成日后所谓"波士顿上流阶层"（Boston Brahmin Class）的兴起，并引发保守的神学人士抨击。1869—1909年，

查尔斯·艾略特担任校长期间，删除了过去教材中偏惠于基督教教义的元素，转而让学生自行选择是否学习相关文化，这项改变让教育本身更专注于人本价值和尊严，使每个人都有权利和能力去感知真理。这样的变革也出现在哈佛的校训上，早期校训为"真理"、"荣耀归于上帝"和"为基督，为教会"；当时的校徽为两本朝上、一本朝下打开的书本，象征理性和启示之间的关系，不过随着信仰自由的开放，今日校徽为三本朝上打开的书籍，上面写着真理女神（Veritas）的名字。

目前校本部占地面积约85万平方米，共计10所学院和1所高等研究所，其博物馆藏书超过1600万册，名列全美图书馆之首。在此毕业的名人不计其数，包括约翰·肯尼迪和奥巴马在内的8位美国总统和数十位富豪企业家，此外还有近80位诺贝尔奖得主曾在此受教或任职，为这所名校共创辉煌历史。

● 麻省理工学院（MIT）

缩写为"MIT"的麻省理工学院，于1861年时因美国工业化需求激增而创立。当初提案建校的威廉·罗杰斯（William Barton Rogers）希望建立一所能快速促进科学发展的教育机构，而不只是一座专业学校，因此采用综合技术大学模式，并着重于实验室的教学方法。

学校最初位于波士顿，到了1916年才搬迁到现在的位置。早期学校的教学方针与工业密切结合，重视实际运用而非科学理论，到了20世纪30年代，在校长卡尔·泰勒·康普顿和副校长范内瓦·布什带领下，转向物理与化学等基础科学研究，将目光放在培养科学界和工程学界的领导者上。此外，有别于常春藤名校吸收上流家族成员为学生，MIT较倾向以中产阶级家庭的优秀子弟为对象。

这样的教育政策，使它在电子计算器、雷达和惯性导航系统方面得到发展之后，在詹姆斯·基里安等多位校长领导下，将学术研究推往生物学、经济学、语言学和管理学等多元领域上。如今MIT共拥有36个学术部门，成为影响世界理工圈的知名学府。该校培育出的优秀人才数不胜数，如华裔建筑大师贝聿铭、前联合国秘书长安南，以及包括知名经济学者克鲁曼等在内的约80名诺贝尔奖得主。

● 耶鲁大学

位于康涅狄格州纽黑文市的耶鲁大学，不仅是美国东北部老牌名校联盟"常春藤联盟"的成员，同时也是全美第三古老的高等学府。学校最初在1701年以"大学学院"之名成立。1718年，校方为了感谢伊莱胡·耶鲁（英属东印度公司总裁）的捐助，而将校名改为"耶鲁学院"。

学院成立之初本是为了培养神学与圣典语言学人才，直到1777年才加入了人文与科学教育课程。19世纪期间，学校又陆续增设了多所研究所与专业学院，更于1861年颁发了美国第一个博士学位。1886年，耶鲁正式以现代大学的运作模式办学。发展至今，耶鲁大学共有12所学院，包括最原始的本科学院、文理研究院及10所专业学科学院。校园除了位于纽黑文市中心的校本部外，在纽黑文市的西部还建有一个体育场及黑文校园，在新英格兰地区也拥有多个森林自然保育区。

漫步在这所一流大学中，一定会想：难怪这里能培育出这么多优秀人才，光是总统就出了5位，教授和校友们更是获得了将近60个诺贝尔奖。这里的校园环境是如此的优美，260座建筑物涵盖了各个历史时期的设计风格。而作为一所大学的心脏的图书馆，分布于22栋建筑中，有多达1000多万册的藏书。规模之大，资源之丰富，真不愧有着"美国最美丽的城市校园"之美誉。

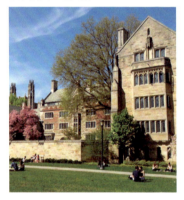

🏃 收获

与波士顿市隔查尔斯河对望的剑桥市，是美国有名的大学城，一过桥便是目前世界大学排名第一的麻省理工学院，再过去则是赫赫有名的哈佛大学。参观这两座学院，感受其中鼎盛的学术氛围，美丽的校园定会让人心生向往。

可将参观哈佛大学与麻省理工校园的行程排在一起，带孩子去看看世界名校的优美环境及历史建筑。更棒的是两所学校内部皆设有博物馆，哈佛的自然史博物馆及皮巴迪博物馆，有着丰富的人类学、化石标本馆藏。而最具创意的科技和实验成果都在麻省理工的MIT博物馆中，一定能更扩大孩子的想象与视野。之后的行程就安排到同为常春藤联盟的耶鲁大学，这里的图书馆不只是馆藏量极多，还有年代久远的历史文物，从古至今的文画书物都能看到，非常适合带孩子来见识见识。

第二天

● 哥伦比亚大学

坐落于纽约市曼哈顿上城晨边高地的哥伦比亚大学，是所私立的研究型大学，并且为常春藤联盟的成员之一。作为全美历史第五悠久及纽约州最古老的高等教育机构，它同时也是 9 所美国《独立宣言》签署前成立的殖民地学院之一。其是在 1754 年根据英国国王乔治二世颁布的王室特许状成立的，最初名为国王学院。独立战争后，1784 年才重新命名为哥伦比亚学院。

在 19 世纪下半叶，哥伦比亚学院快速发展成今日的大学形态，更在 1896 年改名为哥伦比亚大学。同年，也将校址从麦迪逊大道搬迁到现在位于晨边高地、占地面积近 13 万平方米的校址。除了是美国第一所授予医学博士学位的大学，哥伦比亚大学还是一年一度的普利策奖的颁发机构。

遵照一代报人普利策在遗嘱中的规定，其后人在 1912 年捐赠 250 万美元给哥伦比亚大学，创建了美国第二所新闻学院，并从 1917 年起设立普利策奖，每年一度颁给美国新闻界和文学界在小说、诗歌、传记、历史、戏剧、音乐、新闻采访报道方面有卓越贡献的人。

而这所一流大学从国王学院时期开始，就培育出了相当多的优秀人才，美国的开国元勋就有 5 位毕业于此。其他各领域名人还包括了近 10 位美国最高法院法官；20 多位亿万富翁；近 30 位的奥斯卡奖获得者；近 30 位各国元首，包括 3 位美国总统。诺贝尔奖的获奖人数，更是在全球大学中名列第三，仅次于哈佛大学和剑桥大学。

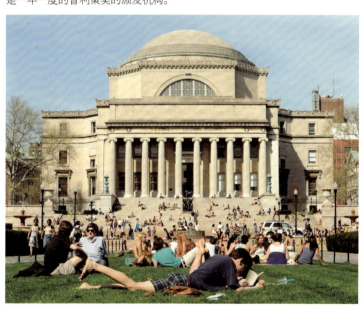

● 普林斯顿大学

普林斯顿大学成立于1746年，是美国第四古老的高等教育机构，现为8所常春藤盟校之一。最初的校址设在新泽西州的伊丽莎白镇，创立目的是为了培养长老。几次搬迁后，最终才在1756年迁至现在的普林斯顿，并于1896年，为了表示对所在地的尊敬，而将原校名新泽西学院改为现在的"普林斯顿大学"，正式变为一所大学，更于当年进行了大规模的校园扩建。

该校在第二次世界大战结束后更是以大学部教育素质著称，到20世纪70年代末已跻身全美最好的研究型大学之列。虽然普林斯顿大学在8所盟校中学生数算是相对较少的，目前在校生人数还不满1万人，但其至今已培育出40多位诺贝尔奖得主。

校园内可以看见很多哥特复兴风格的建筑，这些建筑大多是在19世纪末至20世纪初修建的。建于1756年的主管理楼"拿骚楼"，在独立战争期间受炮火波及却得以保存，更曾在1783年间短暂地被作为国会大厦使用，可惜在后来发生的火灾中仍付之一炬，今日所见已是改建过的建筑。此外，校园内也有现代的新建筑和石像艺术可参观。或是也可到卡内基湖划船，看看这最美校园的美丽景致。

🌀 收获

第二天带孩子去参观哥伦比亚大学与普林斯顿大学这两所常春藤名校。哥伦比亚大学这所纽约州最古老的大学，虽位于市中心地带，但校园面积却比想象中还大得多。且校区内的许多建筑更是被列入美国国家史迹名录，例如作为校区核心的洛氏纪念图书馆、被当成是调频收音机发明地的哲学楼都被收录其中。

而位于纽约和费城间的普林斯顿，交通十分方便，到两座大城都只需1 小时车程。在东西方向的卡内基湖和特拉华河环绕下与周围茂盛树木交织成了优美的乡村景色，加上坐落于此的普林斯顿大学更是添增了文化气息。带孩子来这里除了感受校园的学术风气，还能亲近自然，在卡内基湖划船赏景。

吃住行

吃

波士顿

Union Oyster House

这间全波士顿最古老的餐厅因为紧邻海滨，新鲜的海产自然是它最大的特色。

🏠 41 Union St, Boston
☎ 617-227-2750

Mount Vernon Restaurant & Pub

想要奢华地大吃一顿龙虾大餐，一定要来这间当地人经常光顾的海鲜餐厅。

🏠 14 Broadway, Somerville
☎ 617-666-3830

札幌拉面 Sapporo Rame

这间札幌拉面将日本北国浓郁的味道带到波士顿，虽不能说百分之百原味，却也差之不远。

🏠 1815 Massachusetts Ave, Cambridge
☎ 617-876-4805

Mike's Pastry

长长的柜台陈列着色彩缤纷的意式甜点，其中又以来自西西里岛的卡诺里（Cannoli）最为知名，加上草莓、巧克力、开心果等各色馅料，最适合搭配黑咖啡和浓茶享用。

🏠 300 Hanover St, Boston
☎ 617-742-3050

The Daily Catch

这间餐厅以西西里式海鲜和意大利面打响名号，前来这里用餐的人们，多半为的是本店最有名的墨鱼面，其他像是炸花枝和花枝肉丸等，也颇受好评。

🏠 323 Hanover St, Boston
☎ 617-523-8567

费城

Parc Brasserie

这间有名的法国餐厅的招牌菜是杏香鳟鱼与红酒炖牛肉，搭配产自法国的葡萄酒，味道层次更加丰富。此外，这里的早餐也非常有名。

🏠 277 S. 18th St
☎ 215-545-2262

Vesper

来自爱尔兰的主厨将欧洲经验结合美国食材，创造出别出心裁的美式融合料理，立刻成为费城美食指南上的大热门。

🏠 223 Sydenham St
☎ 267-930-3813

Federal Donuts

这里有名的其实是炸鸡，其特别之处在于调味可以选择干湿两种，每一种都和炸鸡绝配。

🏠 1632 Sansom St
☎ 215-665-1101

Monk's Cafe

这里什么口味的酒都有，有了好酒，也要有好菜来配，除了汉堡、薯条这些酒馆小吃，这里也有牛排、鸭胸、熏鲑鱼等精致料理，毫不辜负费城第一酒馆的美名。

🏠 264 S. 16th St
☎ 215-545-7005

Elixr Coffee

这家咖啡馆由一群对咖啡怀有热情的年轻人创立，而在这间实体店里，就能享受到他们四处探访的成果。

🏠 207 S. Sydenham St
☎ www.elixrcoffee.com

🛏 住

波士顿

Lenox Hotel
🏠 61 Exeter St
☎ 617-536-5300、800-225-7676

Copley Square Hotel
🏠 47 Huntington Ave
☎ 617-536-9000

Colonnade Hotel
🏠 120 Huntington Ave
☎ 617-424-7000、800-962-3030

The Westin Copley Place
🏠 10 Huntington Ave
☎ 617-262-9600、888-627-7216

Courtyard by Marriott Boston Copley Square
🏠 88 Exeter St
☎ 617-437-9300

费城

The Westin Philadelphia
🏠 9 S. 17th St（在 Liberty Place 中）
☎ 215-563-1600

Hotel Palomar Philadelphia-a Kimpton Hotel
🏠 117 S. 17th St
☎ 215-563-5006、888-725-1778

Radisson Blu Warwick Hotel Philadelphia
🏠 220 S. 17th St
☎ 215-735-6000

Sofitel Philadelphia Hotel
🏠 120 S. 17th St
☎ 215-569-8300

🚗 行

● 哈佛大学
🚌 搭乘地铁红线至 Harvard 站，出站即达
🏠 Smith Campus Center, 1350 Massachusetts Avenue Cambridge, MA 02138
🌐 www.harvard.edu

● 麻省理工学院
🚌 搭乘地铁红线至 Kendall/MIT 站，出站即达
🏠 77 Massachusetts Ave, Cambridge, MA 02139
🌐 www.mit.edu

● 耶鲁大学
🚌 乘坐地铁 J 线到 Whitney Ave and

Sachem St 站下车可到达耶鲁大学正门
🌐 www.yale.edu/

● 哥伦比亚大学
🚌 可乘坐地铁 1 号线至哥伦比亚大学（116 街）站下车即达
🏠 116th St and Broadway, New York, NY 10027
🌐 www.columbia.edu

● 普林斯顿大学
🚌 搭乘 Princeton Shuttle 在 Princeton 站下车
🏠 Princeton，New Jersey 08544
🌐 www.princeton.edu

2

看 名 校

西部名校游

🌸 西部名校概况

　　斯坦福大学位于帕罗奥图市（Palo Alto），与美东的哈佛大学并列美国东西两岸的学术重镇。1891年，该校由经营太平洋铁路致富的利兰·斯坦福（Leland Stanford）创立，他因丧子而捐出家产，希望在加州创立一座足以与东部常春藤名校相抗衡的大学。

　　一进校门便是宽阔的棕榈大道，尽头是四角广场，这片区域由设计纽约中央公园的奥姆斯特德所规划，是游览斯坦福大学校园的中心地带。

　　而加州理工学院也是美国的一流大学，在英国的《泰晤士高等教育增刊》2011—2012学年评鉴中，甚至将其评为世界第一的大学。

👍 线路推荐

第一天：斯坦福大学—加州理工学院—杭廷顿图书馆

第一天

● 斯坦福大学

斯坦福大学创校的背后有个动人的故事。平洋铁路大亨利兰·斯坦福和他的妻子珍为了纪念他们在16岁生日前夕不幸夭折的孩子，决定捐一座学院和博物馆给哈佛大学。后来在当时的哈佛校长建议下，于1884年创建了斯坦福大学。

斯坦福大学可谓是全美国最漂亮的学校之一，校园占地面积广达31.3平方千米，建筑风格却统一和谐，都是以当时流行于加州的教会复兴样式（Mission Revival）兴建的，这是西班牙殖民地风格中的一种，朴实厚重的砂岩墙面、低斜的红瓦屋顶，既予人典雅庄严之感，又不显得娇揉造作。而这样的色调，在加州阳光的照耀下，以蓝天作为背景，实在迷人得很。

校园里最主要的建筑是宽广偌大的主方院，这是由多栋独立建筑借由深邃优雅的长回廊串联而成的。在主方院前庭的草坪上，有一组出自大师罗丹的雕塑作品，是校园里的名胜之一。而居于主方院内院中心的是斯坦福纪念教堂，这是利兰过世后，其夫人为纪念他而建的。教堂在风格上受意大利拉文纳（Ravenna）地区的教堂启发，正立面以纤细的马赛克镶嵌出五彩缤纷的宗教壁画，被称为"大学建筑王冠上的宝石"。

从主方院也可看到87米高的胡佛塔，游客可登上塔顶观景平台，俯瞰校园景致。这座塔建于1941年斯坦福创校50周年时，塔基为胡佛学院图书馆与档案室。1929—1933年间担任美国总统的胡佛是斯坦福大学第一届毕业生，他卸任后捐赠母校，成立了胡佛学院，而这个学院日后成为政府保守派智囊团的大本营，对美国政局有很大影响力。

● 加州理工学院

位于美国加州帕萨迪纳的加州理工学院是一所世界著名的私立研究型大学，其创建者是慈善家阿莫斯·索罗普，他在 1891 年 9 月租用了位于帕萨迪纳的伍斯特大厦（Wooster Block），为的是建立起加州理工的先驱"索罗普大学"（Throop University）。同年 11 月，索罗普大学招收了 31 名学生和 6 名教师。

但加州理工学院能有今日成就，一切都多亏了天文学家乔治·埃勒利·黑尔。黑尔于 1907 年成为索罗普大学董事会成员，并成功地吸引到私人的土地和资金赞助，使得他开始能够给学校建立良好的现代实验室设施。到了 1921 年，化学家亚瑟·诺伊斯和物理学家罗伯特·密立根也一同加入黑尔的计划。从那时起，学校就更名为加利福尼亚理工学院，稳固地踏上了新的道路。

加州理工学院规模不大，却是全球最顶尖的大学之一。现有 1200 多名研究生和将近 1000 名本科生，约有 300 名教授以及超过 600 名研究学者，是典型的精英学府。共有 37 位校友或教授获得 38 次诺贝尔奖，包括 2017 年诺贝尔物理学奖得主基普·索恩与巴里·巴里什，以及生理学医学奖得主迈克尔·罗斯巴殊。

而在物理学、行星科学、地球科学领域，该校更被公认为全美领先。另外，美国国家航空暨太空总署的喷射推进实验室也由加州理工学院管理。

● 杭廷顿图书馆

亨利·杭廷顿是 19 世纪末的美国铁路大王，他晚年趁着欧洲经济萧条之际，收购了大量珍贵善本文献与艺术品，并在他过世之后的 1928 年，将其收藏连同豪宅开放给大众参观。

整个图书馆的占地面积广达 83 万平方米，包括 1 栋图书馆、4 间美术馆，和 48 万平方米的花园及植物园。图书馆中收藏了超过 600 万册珍本古籍与手稿，大多为英美文学和史学著作，许多已有五六百年历史。绝大多数收藏仅供学术研究之用，一般人只能从门窗后面窥其书背。不过馆方也将几本特别珍贵的善本公开展示，包括奥杜邦的《美国鸟类图鉴》原稿、乔叟的《坎特伯里故事》手写原稿、开启西方印刷史的《古腾堡圣经》其中一本、梭罗《湖滨散记》的初稿等。光是能亲眼看到这些震古烁今的旷世典藏，就足够值回票价了。图书馆中还有一部收藏已久的明代典籍——《永乐大典》。

美术馆的展示主要是 18 世纪的英国肖像画与法国家具，也有少数 20 世纪的美国艺术。镇馆之宝是托马斯·庚斯博罗的《蓝衣少年》（Blue Boy）与托马斯·劳伦斯的《粉红女孩》（Pinkie）。

至于占地辽阔的植物园，共分 14 个主题园区，最有名的是日式花园、禅园、仙人掌温室与号称全美最大中式古典园林的流芳园。而在玫瑰园旁，还有一间英国茶馆，许多人专程前来享用正统英式下午茶，不过由于非常热门，最好事先订位。

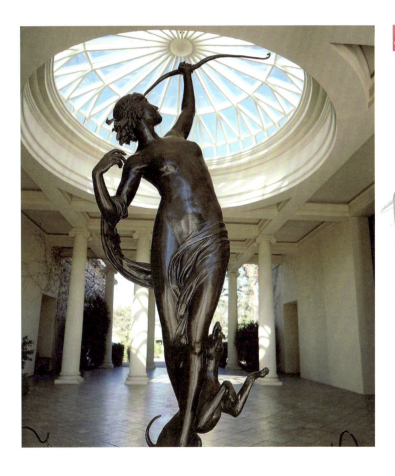

🔅 收获

斯坦福大学的代表建筑是胡佛塔（Hoover Tower），这是为了纪念第一届毕业生，即美国前总统胡佛而打造的。塔高 285 米，在塔顶可俯览校园，开放时间每天 10:00—16:00。胡佛捐赠设立的胡佛研究中心（Hoover Institution），内设有东亚研究所，现是美国研究亚洲事务最负声望的研究机构之一。

另一个具有代表性的建筑是纪念教堂（Memorial Church），离校门口不远，是浪漫主义风格的杰作，正面有以细工镶嵌的宗教壁画。

加州理工大学校区虽然不大，但漫步在宁静优美的校园中，你一定会想："原来这里就是培育出了那么多诺贝尔奖得主的地方啊！"行程结束后还可以顺道去洛杉矶近郊走走逛逛。

🍴 吃住行

👨‍👩‍👧 📷 吃

帕罗奥图

● Saint Michael's Alley 餐厅

餐点主要为在传统加州菜上做变化的新美式料理，菜单依食材季节而经常调整。

🏠 140 Homer Ave, Palo Alto, CA 94301

☎ 650-326-2530

● Back A Yard Caribbean American Grill

餐厅专卖加勒比海料理和牙买加料理，不仅美味，价格也相当合理。

🏠 1189 Willow Rd, Menlo Park, CA 94025-1616

☎ 650-323-4244

● Oren's Hummus Shop

餐厅卖的是地中海料理、中东料理、以色列料理，菜单丰富，有多样选择。

🏠 261 University Ave, Palo Alto, CA 94301-1714

☎ 650-752-6492

● Tamarine Restaurant

主打越南料理的异国料理餐馆。

🏠 546 University Ave, Palo Alto, CA 94301-1901

☎ 650-325-8500

帕萨迪纳

● La Grande Orange Cafe

在帕萨迪纳很受欢迎的酒吧，主要卖美式料理，提供素食选择。

🏠 260 S Raymond Ave, Pasadena, CA 91105-2014

☎ 626-356-4444

● Cafe Santorini

气氛和服务都绝佳的一流地中海料理餐厅。

🏠 64 W Union St, Pasadena, CA 91103-3627

☎ 626-564-4200

● Parkway Grill

装潢豪华、菜色选择多样的美式料理、现代创意料理餐厅。

🏠 510 S Arroyo Pkwy, Pasadena, CA 91105-2520

☎ 626-795-1001

● Luggage Room Pizzeria

比萨、意式料理专卖店，提供许多当地口味的啤酒。

🏠 260 S Raymond Ave, Pasadena, Pasadena, CA 91105-2014

☎ 626-356-4440

● Roy's Pasadena

主要售卖波利尼亚料理、夏威夷料理、美式料理、海鲜，提供素食选择。

🏠 641 E Colorado Blvd, Pasadena, CA 91101-2005

☎ 626-356-4066

🛏 住

帕罗奥图

The Nest Palo Alto

🏠 3901 El Camino Real, Palo Alto, CA 94306

☎ 650-493-2760

Dinah's Garden Hotel

🏠 4261 El Camino Real, Palo Alto, CA 94306-4495

☎ 650-490-2224

Four Seasons Hotel Silicon Valley at East Palo Alto

🏠 2050 University Ave, East Palo Alto, CA 94303-2248

☎ 650-560-7322

帕萨迪纳

Holiday Inn Express Hotel & Suites Pasadena Colorado Blvd.

🏠 3500 E Colorado Blvd, Pasadena, CA 91107-3832

☎ 877-859-5095

Hilton Pasadena

🏠 168 S Los Robles Ave, Pasadena, CA 91101-2430

☎ 855-605-0316

The Langham Huntington, Pasadena, Los Angeles

🏠 1401 South Oak Knoll Ave, Pasadena, CA 91106-4508

☎ 626-568-3900

🚗 行

● 斯坦福大学

🚌 从旧金山开车，走 US-101S，于 402 出口（往 Embarcadero Rd）下交流道，匝道靠右侧（往 Stanford University）接上 Embarcadero Rd，过了与 CA-82 的路口后，再开 300 多米，可在左手边看到大学游客中心的停车场。也可搭乘通勤火车 Caltrain 至 Palo Alto 站，出站后沿 Palm Dr 往南走约 1.8 千米，即达主方院

🌐 www.stanford.edu

● 加州理工学院

🚌 从帕萨迪纳开车，往西走 E. Holly St 朝 Marengo Ave 前进，于 Marengo Ave 向左转，再于 E. Del Mar Blvd 向左转 1.4 千米，在 S. Catalina Ave 向右转。

🏠 1200 E California Blvd, Pasadena, CA 91125

☎ 626-395-6811

🌐 www.caltech.edu

● 帕萨迪纳老城

🚌 搭乘捷运金线至 Memorial Park 站下车即达。若从洛杉矶市区开车，走 CA-110 N（Pasadena Fwy），一直开到公路尽头，下平面道路后，即是 S. Arroyo Pkwy，再开约 1.6 千米，便进入老城范围

🏠 约为 S. Pasadena Ave、W. Walnut St、S. Arroyo Pkwy 与 W. Del Mar Blvd 之间的区域

🌐 www.oldpasadena.org

● 杭廷顿图书馆

🚌 从洛杉矶市区开车，走 CA-110 N（Pasadena Fwy），一直开到公路尽头，下平面道路后，即是 S. Arroyo Pkwy，遇 California Blvd 右转，约 3.2 千米后右转进入 S. Allen Ave，再开 2 个路口，即可在 Orlando Rd 对面看到杭廷顿图书馆的免费停车场入口

🏠 1151 Oxford Rd, San Marino, CA 91108

☎ 626-405-2100

第四章
国家公园游一定要去的4个地方

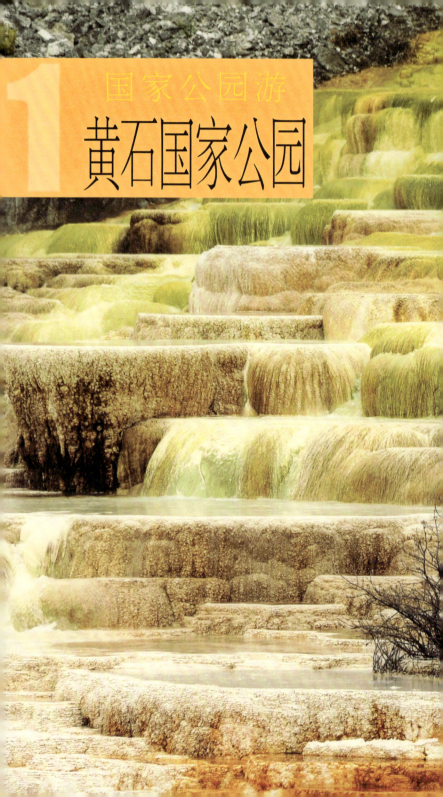

1

国家公园游

黄石国家公园

🌸 黄石国家公园概况

　　横跨怀俄明州、蒙大拿州、爱达荷州的黄石国家公园是一块地域辽阔的自然生态保育区，是美国境内最大的哺乳动物栖息地之一，拥有多种野生动植物和珍稀的地热地貌，于 1872 年获选为全球第一座国家公园。

　　黄石国家公园成立的宗旨在维护罕见的地热景观，园区内惊人的地形样貌，是由数十万年前火山连续喷发形成的，最后一次的火山爆发约在 64 万年前，激烈喷泻的熔岩覆盖地表，热泉渗入岩层裂隙，极度的高温又迫使滚泉往上喷蹿，形成间歇泉、泥浆泉、喷气孔、温泉等超过 10000 种地热形态，占全球目前已知的半数。

👍 线路推荐

第一天：猛犸象温泉区—诺里斯间歇泉区—中途间歇泉区—老忠实间歇泉

第二天：西拇间歇泉区—钓鱼桥—泥火山—峡谷村与黄石瀑布

第一天

● **猛犸象温泉区**

☎ 猛犸温泉游客中心 307-344-2263 ⏰ 夏季 08:00—19:00，冬季 09:00—17:00

猛犸象温泉是北环路上最重要的景点，也是世界有名的阶梯状温泉。在数百万年前，这里原是一片浅海，沉积有丰富的石灰岩。地形隆起成陆地后，地底的火山热能将渗入地下的雨水加热，并透过地层中的裂隙涌回地表。在这个过程中，含有大量二氧化碳的热水形成一种弱碳酸性溶液，当这种溶液经过岩层时，会溶解石灰岩中的碳酸钙。到了地表之后，碳酸钙又逐渐沉积为石灰华，随着水流的方向，形成一道道氤氲着迷蒙热气的阶梯平台。

至于那如油画般的色泽，在看过大棱镜泉的介绍后应该猜得出来，这又是嗜热性微生物的得意之作。黄色的细菌滋生于高水温的地区，橘色、褐色、绿色的细菌则繁殖在较低的水温中。由于小规模的地震会影响地下缝隙的结构，从而改变泉水流向，失去泉水的梯台会逐渐干涸，微生物无法存活，变成一片灰白，而在泉水涌出的地方则开始形成新的梯台，颜色也转为多彩多姿。因此猛犸象温泉可说是黄石公园内最容易变化的景区，相隔几年故地重游，又是一番新面貌。

在主梯台下方，有根 11 米高的抢眼石柱，这里过去其实也是个温泉，因内部压力足以让泉水喷到这样的高度，数百年来又维持在同一位置喷发，经年累月下来，沉淀的物质慢慢堆积起来，就变成了这根石柱。由于其造型很像法国大革命时象征自由的弗里吉亚帽，因此被取名为"自由之帽"（Liberty Cap）。

● 诺里斯间歇泉区

☎ 诺里斯游客中心 307-344-2812 ⏰ 5月底—9月底 09:00—18:00

称诺里斯为间歇泉的博物馆，一来是因为这里拥有丰富的间歇泉地形，二来是因为这里真的有座介绍温泉原理的博物馆。以博物馆为中心，两条环形步道穿梭在各间歇泉之间，分别为2.4千米的后洼地步道（Back Basin Trail）与0.8千米的瓷洼地步道（Porcelain Basin Trail），而全世界喷发高度排名第一的汽船间歇泉（Steamboat Geyser），就位于后洼地步道上。

汽船间歇泉喷发的水柱高度平均可达115米，是老忠实泉的2~3倍，只是它的喷发间隔无法预测，有时相隔4天，有时相隔50年，而且喷发之前完全没有征兆，各种迹象也无脉络而循，因此若能有幸得见，心情就跟中了彩票一样。一个有趣的关联是，当汽船间歇泉喷发时，邻近的水槽泉（Cistern Spring）便会干涸，直到几天之后才又重新注满，似乎可以作为这些温泉的地底裂隙相通的证据。

其实大多数间歇泉的喷发都是无法预测的，像老忠实泉那样守时实属特例，而且地底结构多变，也没人能保证它们能从一而终。像是后洼地上的刺海胆间歇泉（Echinus Geyser），过去也曾作息规律，按照巡逻员的预测照表操课，谁知忽然有天性情大变，放了游客大鸽子，从此变得难以捉摸。只能说人类毕竟不是万能的，面对大自然的安排，只有大地之母才知道答案。

● 中途间歇泉区

在中途间歇泉区有两个著名的温泉：大棱镜泉（Grand Prismatic Spring）与木丝间歇泉（Excelsior Geyser）。但是一般人要看到这两座温泉的全貌几乎是不可能的任务，因为从巨大水面上蒸腾而出的热气，把人完全笼罩在朦胧之中，一阵热风吹来，世界顿时成为一片水气。说来其实可惜，因为大棱镜泉可能是全黄石公园里最漂亮的温泉，只不过它的美只留给上帝，凡人们只能在蒸汽中对着解说牌想象。这座黄石最大的温泉直径宽达 61 米，最高温度有 70℃，从高空上看，温泉中央因光谱折射而呈现深蓝色，而温泉外围以及漫流而出的水道，则具有红、橙、金、褐等灿烂色彩，就像是蔚蓝眼睛旁的睫毛般，因此有地理杂志便称大棱镜泉为地球之眼。

这丰富的色彩来自生长在泉池边缘的嗜热性微生物，这些细菌含有能转化能量的色素，并在这里繁殖成一层微生物席（microbial mat）。另一方面，土壤中的硅矿溶解在热水中，逐渐沉积在温泉周边形成泉华（sinter），泉华覆盖住微生物席，微生物席又长在泉华上，于是这斑斓的色彩就这么层层叠叠地扩散开来，形成世上数一数二的自然奇观。

而木丝间歇泉又是另一个巨大的存在，若不是有照片为证，实在难以想象这么巨大的泉水喷发起来会是什么景象。其上一次大爆发是在 1880 年时，泉水最高喷到 91.5 米的空中，横向范围差不多也有 90 米宽，那景象简直像被炸弹轰到一样震天撼地。不过也由于那次喷发太过猛烈，可能导致地底缝隙结构改变，原本喷发频繁的间歇泉居然沉睡了 100 年，直到 1985 年才又轰隆作响，只是最后并没有大规模喷发。然而这次的地质活动宣告了木丝间歇泉的苏醒，未来何时会再喷发，科学家的答案是：随时。

● 老忠实间歇泉

☎ 老忠实泉游客中心 307-344-2751 ⏰ 4 月底至 5 月底 09:00—18:00，5 月底至 9 月底 08:00—20:00，10 月初至 11 月初 09:00—17:00

老忠实泉是全世界最有名的间歇泉，虽然它不是公园里最高的，也不是最大的，甚至不是最准时的，但它却拥有一项最大的优势：它是喷发得最频繁的可预测间歇泉，平均一天要喷发上 17 次，只要有心，人人都可以看得到。

所谓间歇泉是温泉的一种，在火山地形里，由于岩浆层距离地表不远，当雨水或雪水从地面渗入岩层缝隙时，就会因为被地热加温而上升回到地表，成为一池池的温泉。比较不一样的是，间歇泉的泉水在上升到地面途中遇有阻塞，于是热能无法消散，就像烧开水时把壶口盖上一样，泉水就在地底持续加热。等到泉水温度接近沸点，大量高温蒸汽产生气体膨胀，力量终于大到足以冲出阻塞物，一条白色巨龙于是奔向自由的天空。

虽说老忠实泉的喷发间隔平均约为 88 分钟，但实际上的间隔时间要看上一次喷发的水量而定，如果上一次喷得少，间隔时间就短，如果喷得多，下一次就要等久一点。想知道下一次的喷发时间，可以先到游客中心查看时刻，目前园方预测的准确度高达 90%，不过还是可能有 10 分钟左右误差，因此最好提早 15 分钟就位，耐心等候这难得一见的世界奇观。老忠实泉每次喷发少则 1 分半钟，多则 5 分钟，水柱高度平均约有 40 米，虽说过去曾因地震的关系导致水位改变，使得喷发间隔越来越长，不过近年来经过几次小型地震，老忠实泉的喷发又有日益频繁的趋势。

在老忠实泉周围，还有数十个间歇泉，事实上，老忠实泉所位于的上间歇泉盆地（Upper Geyser Basin）就是世界上间歇泉最密集的地区。沿着步道往上走一圈，最后来到 49 米高的观景点，从这里居高临下地观赏老忠实泉的表演，又是一番不同的感受。

🔶 收获

　　黄石国家公园中有着多样的地热地形和各种不可思议的奇观，来这里一定会激起对大自然的赞叹之感。第一天可以把园区中地热最活跃的区域之一诺瑞丝区（Norris）当作起点，因诺瑞丝区位于 3 个断层区块交会处，地震频仍，加上酸性热泉急速溶解地底矿床，因此经常爆发新的间歇泉，而突发的地形局部运动，使间歇泉的运作更剧烈。

　　由诺瑞丝区北行约 34 千米，是另一处令人惊艳的景区马默斯温泉（Mammoth Hot Springs），此处以层层相叠的石灰华景观独步园区。这块区域在百万年前是一片富含石灰岩的浩瀚汪洋，火山爆发促使地下热泉自岩层裂隙中涌出地表，溶解石灰岩中的碳酸钙，遇冷凝结的碳酸钙沉积成石灰华平台，高高低低的平台构成阶梯状的景观，一跃为人气指数最高的招牌景区。公园内密布着 300 多座间歇泉，一定要去看看下环线景区名气最大的老忠实泉，感受间歇泉的真实喷发。

第二天

● 西拇间歇泉区

☎ 西拇信息站 307- 344-2650 🕐 5月底至9月底 09:00—17:00

其实西拇本身是个火山口湖，形成于174000年前，因此湖底到处都是温泉孔，甚至从岸边就能看到水面上冒着气泡的孔洞。这些温泉每日为黄石湖注入1万多升的热水，但由于黄石湖实在太大，即使在盛夏酷暑，水温也只有7℃而已。

西拇岸边有许多大大小小的可爱温泉，大部分的泉池深处都涌现出一种超乎现实的蓝，那是因为泉水吸收了光谱中的其他颜色，独独折射蓝色光的缘故；至于边缘地带的橙黄色，没错，又是嗜热性微生物的效应。而这里最著名的深邃池（Abyss Pool），由于微生物生长较为茂盛，让池水呈现出翡翠般的色泽，宛如镶嵌在地面上的巨大宝石，更是让人啧啧称奇。至于深邃池对面的黑池（Black Pool），过去因为水温较低，长出墨绿色的微生物席，使其看上去真的是一泓黑水，然而后来水温升高，微生物生态改变，才成为现在的湛蓝模样。这些看似文静的泉池现在大多处于休眠状态，其实它们在20世纪90年代也曾是活跃的间歇泉，像是深邃池曾在1991年喷发至30米的高度，双子池（Twin Geysers）更是在1999年时上演双孔齐发的壮丽景象。

● 钓鱼桥

☎ 钓鱼桥游客中心 307-344-2450 ⊙ 5 月底至 9 月底 08:00—19:00

虽然名为钓鱼桥，不过现在唯一能合法钓鱼的大概只有悠哉于河湖上的鹈鹕了吧。其实在 1973 年以前，钓鱼桥是真的可以钓鱼的，在那个时候，游客不分男女老幼，全都肩并着肩，在这里放竿其上，简直要为黄石公园添加一道用塑料钓线构成的人造瀑布。然而为了保护日渐稀少的山鳟产卵地，政府毅然剪断所有钓绳，从此那百人齐钓的盛况就只能出现在老钓客们的记忆中了。

尽管少了钓鱼的乐趣，钓鱼桥仍是游客最喜欢的景点之一。站在钓鱼桥上，可以看见清澈见底的黄石河顺着葱郁的原始森林，蜿蜒流入碧蓝如洗的黄石湖内，远方则衬着一抹淡淡的蓝色山脉。这是一种深邃而多层次的蓝，所呈现出来的和谐美感，几乎要使所有凝视它的人融化在大自然的宁静中。

● 泥火山

泥火山景区是个到处都在冒烟的地方，泥巴浆的坑洞里不断涌出翻滚的气泡，蒸腾的热气从地面新的裂缝中冒出，形成一个个尚未命名的小温泉。仿佛这些温泉再也耐不住地底的闷热，拼了命地想要奔向大气的自由。

泥浆泉（Mud Pots）其实也是温泉的一种，但是因为充满硫化物，水质较酸，在涌出过程中将岩层崩解成泥土，伴随着从地心蹿出的各种气体，形成不断冒泡、发出噗噗声响的泥浆坑。另一个常见的地形是喷气孔（Fumaroles），形成原因与泥浆泉很相似，只是流入裂隙的水较少，因此一遇到地热立刻转化为蒸汽，从地表的孔洞呼啸而出。

漫步在景区的环形木板道上，游客可以一一造访著名的喷气孔与泥浆池，包括龙口泉（Dragon's Mouth Spring）、泥火山（Mud Volcano）、灰熊喷气口（Grizzly Fumarole）、搅乳大锅（Churning Caldron）、黑龙大锅（Black Dragon's Caldron）、泥浆间歇泉（Mud Geyser）等。由于此处小地震频繁，使得这不甚稳固的自然现象持续发生变化，譬如龙口泉在过去会喷洒出像龙舌一样飞舞的热水，如今只是怒吼着吐出阵阵热气；搅乳大锅在过去数十年间，温度升高了40多摄氏度，不时将步道笼罩在五里雾中；泥浆间歇泉自1927年后便不再喷发，但最近似乎有复活的迹象；灰熊喷气口更是根据天气变化，每天都呈现出不一样的姿态。

沿着步道，还会经过一片倒卧在烟气中的残木，难以想象这里曾经是片茂盛的树林。1978年的一连串地震增加了地热蹿出的孔隙，导致地面温度升高到94℃，树木遭受烹刑，纷纷倾倒落难，于是这片山坡从此改名为"Cooking Hillside"。

● 峡谷村与黄石瀑布

☎ 峡谷村游客教育中心 307-344-2550 ⊘ 5 月底至 9 月初 08:00 至 20:00，9 月初至 9 月底 08:00—18:00，10 月初至 10 月中 09:00—17:00

峡谷村色彩层次丰富的山壁是这里被称为"黄石"的主要原因，这些颜色来自岩壁里的矿物质，以及隐藏其中的喷气孔。数千年来浸透岩壁的液体改变了石头的化学结构，因而使其染上或黄、或红、或白的颜色，在这样的装点之下，险峻的峡谷也变得可爱起来。

来到峡谷村要看的主角是黄石瀑布，事实上你想不注意到这条瀑布都很困难，因为喧嚣奔腾的声响，简直让人怀疑起瀑布背后是否藏了台立体音箱。黄石瀑布分为上下两座，上瀑布（Upper Falls）落差 33 米，下瀑布（Lower Falls）落差 94 米，融雪过后，瀑布水量大得惊人，仿佛全世界的水都从这里往下掉。这一带有许多步道提供不同的观赏角度，第一个推荐的就是紧贴着下瀑布的汤姆大叔小径（Uncle Tom's Trail），

这条小径与其说是步道，不如说是楼梯，循着 328 阶陡峭的铁梯，伴随着近在身旁的瀑布拾级而下，可以享有最壮观的近距离震撼。

另一个著名的观瀑角度是艺术家观景点（Artist Point），这也是大多数游客欣赏黄石瀑布的地方，这里拥有开阔的视野，可以把下瀑布与曲折的峡谷一同入镜。大多数黄石瀑布的风景明信片就是在这里取景的，事实上，艺术家观景点的名字正是来自 1883 年第一批公园摄影师的口耳之间。

🔥 收获

面积 341 平方千米的黄石湖是北美高海拔地区最大的湖泊，其西端水域因为看上去就像是从黄石湖伸出来的拇指，因而取名为"希拇"。此区有着许多大大小小的温泉，折射与微生物使池水变成五颜六色，相当奇特。接着来到钓鱼桥，站在桥上，可以看见蓊郁的原始森林，清澈的黄石河顺其流入碧蓝的黄石湖内，衬着远方蓝色山脉。深邃而多层次的蓝色营造出的和谐美感，令人永生难忘。

而这里会被称为"黄石"主要就是因为峡谷村的山壁。除了看色彩层次丰富的峡谷村山壁，也一定要欣赏峡谷村的主角黄石瀑布，喧嚣奔腾的声响，大得惊人的瀑布水量，使人感觉仿佛全世界的水都从这里往下掉。这一带有许多步道，能从不同的观赏角度感受黄石瀑布的震撼。

黄石国家公园吃住行

住

● 国家公园营地

黄石公园里共有 12 个营地，超过 2150 个营位，其中 5 个可以预订，另外 7 个则采先到先占制。这些营地的设备不一，有的齐全，有的简单，有意扎营者，详细信息请参考官方网站。

☎ 307- 344-7311、866-439-7375

◉ 5 月底至 9 月底营业

Canyon Lodge & Cabins

◉ 6 月初至 10 月底营业

Grant Village

◉ 5 月底至 9 月底营业

Lake Lodge Cabins

◉ 6 月初至 9 月底营业

Lake Yellowstone Hotel & Cabins

◉ 5 月中至 10 月初营业

Mammoth Hot Springs Hotel & Cabins

◉ 4 月底至 10 月初营业

Old Faithful Inn

◉ 5 月初至 10 月中营业

Old Faithful Lodge Cabins

◉ 5 月中至 9 月底营业

Old Faithful Snow Lodge

◉ 4 月底至 10 月中营业

Roosevelt Lodge Cabins

◉ 6 月初至 9 月初营业

行

● 开车

从西雅图方向

走 I-90 E，一路穿州越县至蒙大拿州的 Livingston，于出口 333 下交流道，出匝道口左转 US-89 S。到了 Gardiner 镇上，路会走到尽头，右转后顺着弯道开进罗斯福拱门（Roosevelt Arch，非常大，你不会错过），没多远就是公园北入口了。全程约 1200 千米。

从盐湖城方向

走 I-215 N 接上 I-15 N。到 Idaho Falls 之前都保持在 I-15 N 上，然后从出口 118 下交流道，出匝道口右转，走 US-20 Business，于 Yellowstone Ave 左转走 US-26 E。到了 Swan Valley 镇上，注意路标，左转 ID-31 E。到 Victor 镇后，于 Main St 右转走 ID-33 E，过了怀俄明州界后，路会变成 WY-22 E。进入 Jackson 镇左转 US-89 N / US-191 N，这条路到了镇中心的 Cache St 会再左转，之后顺着路走就会经过大堤顿国家公园而抵达黄石公园南入口。全程约 580 千米。

如果不想经过大堤顿，也可以从 I-15 N 的出口 119 下交流道，出匝道口右转，走 US-20 E。沿这条公路一直开，就会抵达 West Yellowstone，于 Canyon St 右转，再左转进入 Yellowstone Ave，前面不远就是西入口。全程约 500 千米。

盐湖城国际机场

🌐 www.slcairport.com

杰克逊洞机场

www.jacksonholeairport.com

黄石区域机场

www.flyyra.com

● 园区交通

黄石公园一共有北门、东北门、西门、南门与东门 5 个收费入口，园区内的公路呈"8"字形，习惯上以北环、南环称之。

公园内的道路，除了从北门经猛犸象温泉—罗斯福到东北门的这段全年开放外，其他道路皆在冬季封闭，或是只允许上了雪链的车辆或承载滑雪客的商业车辆进入，大致上的封路时间如下：

猛犸象温泉经诺里斯、麦迪逊到西门：11 月初至次年 4 月中封路。

麦迪逊经西拇到南门：11 月初至次年 5 月中封路。

塔瀑布到峡谷村：10 月中至次年 5 月底封路。

东门经钓鱼桥到峡谷村：11 月初至次年 5 月底封路。

详细封路及开放日期，因每年融雪情况不同，以官网上公告的为准。

● 国家公园门票

一般门票

以进入公园的车辆数收费，小客车每辆＄25，可同时用于大堤顿国家公园，有效期为 7 天。若要重复进出公园，记得把收据放在车上。

国家公园年票

如果你在一年之内有计划造访 4 个以上国家公园，建议购买一张＄80 的国家公园年票。这张卡片自启用起，有效期至翌年的同月份，适用于全美国的国家公园与国家纪念地（如月形坑、魔鬼塔、自由女神等）。每张卡片可以写上两个名字，也就是说，每次入园时，两人中的其中一人必须在车上，且须出示身份证明文件。

☎ 307-344-7381

www.nps.gov/yell

2

国家公园游

巨杉国家公园

🐝 巨杉国家公园概况

加州巨杉（Sequoia）又常被翻译成"世界爷"，是世界上最庞大的生物，尽管就高度而言算不上最高的树种，但其树脚直径动辄超过 10 米，总体积冠绝群伦。初次见到加州巨杉的人一定会发出惊叹，就像误闯进巨人国度，忽觉自己缩成蚂蚁般的大小。

在西部拓荒时代，人们在加州着实被这种巨树吓了一大跳。当时拓荒者们为了展示他们的新发现，于是砍下一棵巨杉运到纽约参加博览会，但因为巨杉实在太大，只好把它劈成小块运送，到了展览会场才重新组装起来。东部人完全不相信世上竟有如此巨大的树，又看到树干上拼装的痕迹，以为西部人是闹着玩的，因此就把巨杉称为"加利福尼亚的玩笑"。

今日我们虽然可以直接走到树下，亲眼证实巨杉的存在，但这些硕大无比的庞然巨物，仍是大得令人难以想象。或许当它们还是棵小树苗的时候，苏格拉底正站在雅典街头与人激烈辩论；当它枝丫茁壮时，教宗正在为查理曼大帝加冕；而美国和日本在中途岛杀得昏天暗地之际，对这些树木来说，也才不过昨天发生的事。这让人想起《庄子·逍遥游》中所说的："上古有大椿者，以八千岁为春，八千岁为秋，此大年也。"人类常常活了几十年就开始自以为是起来，殊不知在这些"大年"面前，我们都只是转眼即逝的朝菌蟪蛄而已。

👍 线路推荐

第一天： 摩洛石—神木隧道—水晶洞—谢尔曼将军树—图科帕瀑布

第一天

● 摩洛石

摩洛石是一块花岗岩的独立巨石，光秃秃的石峰仿佛戴着钢盔的灰衣甲士般，从一片翠绿葱郁的山林中拔地而起，显得非常突兀。其实这类独立巨石在内华达山脉中并不罕见，例如优胜美地的半圆顶峰就是最有名的一例。

摩洛石是巨杉国家公园中的最佳观景点，爬过 400 阶石梯，登上标高 2050 米的峰顶，会看到令人毕生难忘的美景。远方山峦云烟缥缈，起伏层叠，近处河谷广袤开阔，雄浑万千；各个海拔的林相递嬗分明，大西部分水岭（Great Western Divide）群峰也一览无余。其中最容易辨认的是正对着摩洛石、形如绝壁碉堡的城堡石（Castle Rocks），而一旁状似獠牙的锐齿峰（Sawtooth Peak），山势也很奇特。天气好的时候，山岚掀开帘幕，更远处的峰岳纷纷现出身影，当中有不少是标高 3500 米甚至 4000 米以上的高山，壮丽无比。

通往摩洛石的道路冬季封闭。周末及假日时，一般私家车禁止通行，需搭乘接驳巴士前往。而在北美游隼产卵时，攀登岩顶的阶梯会封闭，因此前往之前记得先看一下园区当日报纸，取得相关信息。

● 神木隧道

⚠️ **通往神木隧道的道路冬季封闭**

从前优胜美地有棵极有名的隧道神木瓦沃纳树（Wawona Tree），其实在巨杉国家公园也有一处神木隧道。和瓦沃纳树的不同在于，神木隧道并非刻意为之，瓦沃纳树因为开了隧道而导致日后的倾倒，神木隧道则是在树倒了之后才变成隧道。

这棵不具名的加州巨杉直径大约6.4米，是在1937年时因为自然因素而倒在通往新月草原的道路上的，为了恢复交通，园方只好在树干上切出高2.4米、宽5.2米的隧道，以利车辆通行，没想到反而成了园区内一处热门景点。这座隧道足以容纳两辆面包车并排而过，不少游客会刻意把车开进隧道拍照，形成有趣的画面。

● 水晶洞

🕐 约5月中至11月间开放 🌐 www.explorecrystalcave.com ⚠️ 门票需在游客中心购买（Foothills售票至15:45，Lodgepole售票至15:30）**家庭行程 Family Tour** 🕐 行程约50分钟 💲 成人$16，5~12岁儿童$8，5岁以下儿童$5 **探索行程 Discovery Tour** 🕐 行程约1.5小时 💲 $18 ⚠️ 须年满12岁 **野穴行程 Wild Cave Tour** 🕐 行程4~6小时 💲 $135 ⚠️ 须年满16岁

虽然1890年这里便成立了国家公园，但水晶洞却迟至1918年才被人发现。这处洞穴属于大理岩喀斯特地形，由无数个地底岩室串联而成，进入洞穴必须跟随向导，否则很有可能永远迷失在错综复杂的地下迷宫中。行程中，导览员会沿途解说这些美丽的岩洞及钟乳石的生成特征，也会把灯光熄灭片刻，让游客在伸手不见五指的黑暗里聆听地底暗流的回音。

在一般的家庭行程之外，还有探索行程，是带游客到更深的地底探险。但最刺激的还是野穴行程，人们必须穿戴探照灯头盔，钻进未经凿步道的岩穴里，体验这处地底世界最原始的面貌。

● 谢尔曼将军树

谢尔曼将军（William Tecumseh Sherman）是南北战争时的北军名将，以"向海洋进军"的战略著称，只是这回进军的距离有点远，竟然到太平洋这头来了。替这棵巨杉命名的植物学家曾在谢尔曼麾下服役。这棵树正好与国王峡谷国家公园的格兰特将军树互为犄角，为这片西岸的原始森林染上了东岸的历史色彩。

而这棵神木也不负谢尔曼将军威名，它有83.3米高，树脚周长33米，直径11米，虽然不是最高，也不是最宽的树，但其1487立方米的总体积却是世界之最。即使2006年时，它最粗的枝丫断裂掉落，仍无损其世界最庞大生物的排名地位。而这根断落的粗枝，直径也有2米宽，比许多树的树干还要粗。谢尔曼的

树龄估计超过2200年，树脚上巨大的火痕看起来更有股身经百战的气势，虽然目前树顶已经坏死，使它无法继续长高，但树干每年仍在持续成长，看来这世界第一的头衔短时间内牢不可破。

靠近谢尔曼将军树的停车场，在夏季时只提供接驳巴士与贴有残障者标签的车辆停靠，一般车辆需开往较远处的夏季停车场，再沿步道或搭乘接驳巴士前往。

● 图科帕瀑布

通往图科帕瀑布的小径，单程约2.7千米，是国家公园里最热门的步道，大概因为在众多健行道中，这是最容易走的一条吧。穿过 Lodgepole 的宿营地，世界马上安静下来，只剩下流水潺潺的声音，小径便从这里开始。沿着 Marble Fork Kaweah River 迤逦东行，步道前半段是一片稀疏的林木，浣熊、河狸与赤鹿等小动物，听到人类的脚步声都纷纷探出头来；

步道的后半段，林木逐渐稀少，最后只剩下雄伟的峡谷岩壁与巨石河床。随着瀑布的轰鸣声愈发响亮，气势磅礴的瀑布也出现在步道尽头。这道瀑布总落差高达 365.8 米，水量以春末夏初融雪时最为可观，坐在瀑布旁的岩岸上，静静感受拍打在脸上的清凉水花，算是流汗之后获得的完美回报。

🏵 收获

加州东部的巨杉国家公园，打从走进这处深山密林起，举目所及的一切都大得令人惊奇，每一棵巨杉都高可参天。世界最大的神木谢尔曼将军树就位于这里，加州第一高峰惠特尼峰（Mt. Whitney，4421 米）也位于这里，公园里甚至还有钟乳石洞"水晶洞"，开放给游客进去探险。有别于优胜美地的神木隧道，巨杉国家公园的神木隧道是非人为的间接造成的有趣景点。走在公园内最易走也最热门的步道上，沿途不但有机会看到可爱的小动物们，步道尽头还能看见巨石峡谷及气势磅礴的图科帕瀑布，享受水花泼溅的清凉快感。

这里白天气候凉爽，健行步道多且不难走，沿途巨树可当成背景为孩子拍下很多有趣的照片，也能让孩子在玩乐中更接近自然。

🦋 巨杉国家公园吃住行

🛏️ 住

● Wuksachi Lodge

🏠 64740 Wuksachi Way, Sequoia
National Park, CA 93271
☎ 801-559-4930、(866) 807-3598

● John Muir Lodge

🏠 86728 Hwy 180, Kings Canyon
National Park, CA 93633
☎ 559-335-5500

● Grant Grove Cabins

🏠 Grant Grove Village
☎ 877-436-9615

● Cedar Grove Lodge

🏠 86724 Hwy 180, Kings Canyon
National Park, CA 93633
☎ 877-436-9615
❗ 仅夏季开放

● Sequoia Village Inn

🏠 5971 Sierra Dr, Three Rivers, CA
93271
☎ 559-561-3652
🌐 www.sequoiavillageinn.com

🚗 行

● 开车

从洛杉矶出发

　　走 I-5 N，于 221 号出口（往
Bakersfield / Fresno) 靠左侧车道
接上 CA-99。于 96 号出口再接上
CA-198 E。沿着 CA-198 E 一直
走，过了 Three Rivers 后，即达公
园 Ash Mountain 入口。路程 360
多千米。

从旧金山出发

　　走 I-80 E，过海湾大桥后靠右侧
车道，接上 I-580 E（往 Hayward /
Stockton），约 74 千米后切左侧车道，
走 I-205 E（往 Tracy / Stockton）。
公路会入 I-5 N 后，于 461 号出口接
上 CA-120 E（往 Manteca）。靠右
侧车道在 6 号出口接上 CA-99 S，
到了 Fresno 后，出 133B 出口，在

匝道上走左侧车道，接上 CA-180 E
（ 往 Kings Canyon）。沿 着 CA-
180 E 一直走，即达公园 Big Stump
入口。路程 380 多千米。

● 园内交通

　　夏季时（约 5 月底至 9 月初），
园区内会有免费接驳车行驶，共有 5
条路线。

绿线：

　　往返于神木森林博物馆、谢尔曼
将军神木的两个步道口、黑松村游客
中心之间。

🕒 每日 09:00—18:00，每 15 分钟一班

灰线：

　　往返于神木森林博物馆、摩洛石、
新月草原之间，周末及假日时也前往
神木隧道。

🕒 每日 09:00—18:00，每 15 分钟一班

紫线：

往返于黑松村游客中心与乌克萨奇旅馆（Wuksachi Lodge）之间。

◉ 每日 09:00—18:00，每 20 分钟一班

橙线：

往返于谢尔曼将军神木的两个步道口之间。

◉ 每日 09:00—18:00，每 30 分钟一班

红线：

往返于神木森林博物馆与 Potwisha 露营地之间。

◉ 每日 09:00—18:00，每 30 分钟一班

● 国家公园门票

一般门票

入园费以车计算，每辆车 ＄30，门票有效期为 7 天，适用于巨杉国家公园、国王峡谷国家公园与巨杉国家森林中的 Hume Lake 保护区。入园后，将门票放在挡风玻璃上，以备遇到票亭时查验。

国家公园年票

如果你在一年之内有计划造访 4 个以上国家公园，建议购买一张 ＄80 的国家公园年票。这张卡片自启用起，有效期至翌年的同月份，适用于全美国的国家公园与国家纪念地（如缪尔巨杉保护区、恶魔岛等）。每张卡片可写上两个名字，也就是说，每次入园时，两人中的其中一人必须在车上，且须出示身份证明文件。

● 旅游咨询

☎ 559-565-3341

🌐 www.nps.gov/seki

山麓游客中心 Foothills Visitor Center

☎ 559-565-4212

◉ 每日 08:00—16:30

黑松村游客中心 Lodgepole Visitor Center

☎ 559-565-4436

◉ 5 月中—10 月中每日 08:00—17:00

国王峡谷游客中心 Kings Canyon Visitor Center

☎ 559-565-4307

◉ 夏季每日 08:00—17:00，冬季每日 09:00—16:30

杉林村游客中心 Cedar Grove Visitor Center

☎ 559-565-3793

◉ 5 月底至 9 月底每日 09:00—17:00

3

国家公园游

优胜美地国家公园

🌸 优胜美地国家公园概况

　　优胜美地是全美最知名且最受欢迎的国家公园之一，1984 年被列入世界自然遗产名录。公园面积达 3080.74 平方千米，拥有内华达山脉最为完整的生物栖地。海拔高度从 648 米到 3997 米，包含了灌木林、山地、针叶林与高地等不同植被环境。加州约有 7000 种植物，20% 以上可在优胜美地发现，丰富多样的植物让此地随着季节更迭散发不同风情。

　　优胜美地也是观察冰河作用下 U 形谷地的活教材，像是花岗巨岩的半圆顶峰与酋长岩，都是公园内的重要地标，陡直的切面有如被利刃削过一般。落差 740 米的优胜美地瀑布，以春季水量最为丰沛，游客可经由步道走到瀑布上方，欣赏壮观水势。公园南边的马里波萨神木群是园区另一受欢迎的景点，此处遍布高耸入云的加州巨杉，历经千年依然生机盎然。

🔥 线路推荐

第一天： 优胜美地瀑布—新娘面纱瀑布—酋长岩—冰河观景点
第二天： 半圆顶峰—镜湖—优胜美地博物馆

第一天

● 优美胜地瀑布

🚌 搭乘优胜美地谷地巴士（Valley Shuttle），在站牌编号 6 下车，即达瀑布下方步道口

百万年前冰河退去时，将这里刨出一道开阔的 U 形谷地，主冰河左右的支冰河也在谷地两侧上方留下许多较浅的悬谷，于是每年山上融雪之后，雪水便沿着悬谷流下，流到悬谷边缘时，就成为一道道高挂在崖壁上的瀑布。

在这些瀑布当中，最有名的是优胜美地瀑布，这座瀑布分为上、中、下三段，总落差高达 739.14 米，是加州第一高瀑，世界排名第 20。春季融雪时节，是优胜美地瀑布气势最盛的时候，磅礴水势犹如千军万马，对瀑底渊潭发动雷霆猛攻，像是要把地球打穿似的。6 月之后，雪已融尽，瀑布的攻势呈现帅老兵疲的征候，到了 8 月已成强弩之末，甚至陷入干涸状态。

优胜美地瀑布除了以高度著称外，同时也是世上少数会出现"月虹"（Moonbow）的瀑布。月虹，顾名思义，就是在夜间现身的彩虹，其形成有几个缺一不可的条件：清朗且黑暗的天空、明亮且不被遮挡的满月、足以起雾的瀑布水汽与正确的折射角度。一年之中，能出现月虹的日期没有几天，如果你有幸得以碰见，别忘了感谢上苍。

● 新娘面纱瀑布

🚌 搭乘酋长岩巴士至 E5 即达

　　新娘面纱瀑布是游客进入河谷时看到的第一道瀑布，落差约有 189 米，全年流水不竭，除了春天显得脾气暴躁一点外，其他季节都像新娘一样轻柔妩媚。一如其名所揭示的，这道瀑布宛如薄纱一般，经常被风吹得斜向一边，水量极少的时候，瀑底甚至未及地面就已蒸发消散，因此当地原住民把这座瀑布称为"Pohono"——一位摇曳在风中的精灵。在 Ahwahnechee 族的神话中，Pohono 是扼守谷口的邪灵，如果正眼直视，将会受到诅咒。不过，自从瀑布被称为新娘面纱后，又有新的民间传说开始流传：如果和爱人一同走到瀑布下方，或是吸到瀑布的水汽，那么大喜之日很快就会来到。

● 酋长岩

🚌 搭乘酋长岩巴士，在 E3 下车，即达岩壁下方野餐区

梅斯德河（Merced River）北岸的酋长岩是优胜美地的指标景点。这座全世界最巨大而完整的独立花岗巨岩，从地表耸峙 914 米，1 亿年前由造山运动形成，百万年前又被冰河作用切割成今日模样。随着太阳的运行，光影在岩壁上时刻变幻，使得酋长岩就像幅巨大屏幕，放映出大自然的美妙色彩。

在酋长岩后方，有条登山步道可通往岩顶，不过对攀岩客来说，他们有更直接且更具挑战性的方法。笔直陡峭的直立山壁是所有攀岩爱好者心目中的终极圣地，仿佛没有征服酋长岩，他们的攀岩人生就不能完整。在这面平整的岩壁上，有上百条攀岩路线，由于绝大多数攀岩者无法在一天之内爬上岩顶，因此时常可以看到一顶顶简易帐篷垂吊在山壁之间。

酋长岩东侧的马尾瀑布（Horsetail Fall）落差 304.8 米，虽然和周遭瀑布相比起来，经常被人忽略，但在每年 2 月下旬左右，却是它独领风骚的时候。届时由于清朗的夕阳霞光反射，在逐渐被夜幕笼罩的酋长岩上，马尾瀑布却散发出火红光芒，看起来就像炙热的岩浆从山壁间落下，因而又有火瀑布（Firefall）之称。

● 冰河观景点

可参加全程 4 小时的冰河观景点行程，5—11 月每日 08:30、10:00、13:30 从 Yosemite Lodge 出发。成人单程 $25，往返 $41；儿童单程 $15，往返 $23，5 岁以下免费 ❗ 通往冰河观景点的道路冬季封闭

要一眼望尽优胜美地的河谷景致，冰河观景点是个绝妙的位置。这处高岗海拔 2199 米，大约比河谷高出 980 米，毫无遮蔽的视野，气度大方地把所有美景摊开在游客面前。从西边开始，优胜美地瀑布、霍夫曼山、北圆顶峰、镜湖、泰纳雅峡谷、回音峰、半圆顶峰等，全都入镜，就连藏在东边峡谷中的自由顶、内华达瀑布与春天瀑布，也依稀可见。向下俯瞰，蜿蜒的梅斯德河环绕着树林间的村落，渺小的人类文明几乎被大山大水吞没。

从冰河观景点到优胜美地河谷，有两条主要的健行步道，一条是不到 8000 米的 Panorama Trail，途经伊利劳特瀑布、内华达瀑布与春天瀑布等景点，最后到达柯瑞村；另一条是著名的 Four Mile Trail，虽然只有不到 8000 米长，却以陡峭著称，不过沿途美景慑人，仍吸引大批游客攀爬。想要走这些步道的话，可以参加冰河观景点行程，购票时只买单程票，行程结束后就可沿着步道返回河谷。

🔥 收获

加州最负盛名的国家公园优胜美地集冰河地形、瀑布峡谷、花岗巨岩与巨杉神木于一身，野生动物及林相都很丰富。在这里能目睹各种大自然的鬼斧神工，除了是到加州的必访之地，也是孩子认识宇宙奥妙的最好教材。优胜美地河谷被 Ahwahnechee 族人称为"Awooni"，意思是大嘴，这是因为从族人的村落看过去，河谷的形状就像熊张大的嘴巴。这座全世界最有名的 U 形谷是冰河地形的绝佳教材，谷地内最引人入胜的风景，像是半圆顶峰、酋长岩，以及一道道高挂在岩壁上的瀑布，都是当年冰河退去时切割出的产物。奇岩怪石更是能丰富孩子的想象。

第二天

● 半圆顶峰

☎ 877-444-6777 🕐 5月底至10月初，有下雨和闪电时可能不开放 💴 申请费：每件 $4.5（网络申请）或 $6.5（电话申请）。入山费：每人 $8 🌐 www.recreation.gov **登顶步道** 🚌 搭乘优胜美地谷地巴士，在16的Happy Isles下车，即达步道入口 ❗ 登顶需于2天前申请许可证，由于申请实在太多，因此从2010年开始改为抽签制。每份申请最多可报名6人，最多可提出7个日期。登山季节时，每日抽出至少50组，以E-mail或在网络上通知

内华达山脉中，多的是这类花岗岩独立巨石，这些岩石由未及喷出地表的岩浆冷凝而成，经造山运动隆起后，由于本身的岩层节理特性，致使外层不断剥落，成了一座座光秃秃的圆顶大石峰。

这座半圆顶峰和其他石峰相比起来，显得残缺不全，但也正因为它的残缺不全，让它得以出类拔萃。乍听之下，这似乎是个谬论，不过眼见为凭，相信大多数人都会同意这个说法。首先，半圆顶峰之"圆"，已经圆得毫无棱角；再者，半圆顶峰之"半"，又刚好半得恰到好处。这是冰河时期留下的成果，当时半圆顶峰正好位于冰河河道上，冰河走向又正好与岩石纹理一致，在强大力量压迫下，半圆顶峰的另一半就被冰河硬生生带走，如今极有可能散落在泰纳雅峡谷中。

在国家公园的许多地点都能看到不同面貌的半圆顶峰。从华许本观景点（Washburn Point）看到的是对半残存的峰形，从冰河观景点看到的是世人最为熟悉的角度，而从镜湖步道上欣赏的则是平整无瑕的立面。不过最令人向往的地点恐怕却是一个看不到半圆顶峰的地方，那就是直接爬上海拔2693米的峰顶。这条步道长达27千米，路程需10~12小时，步道最后的122米是借由两条钢绳和架在岩石上的木条，几近垂直地攀登。而在登上峰顶后，整座优胜美地河谷尽在脚下，"振衣千仞岗"的豪情油然自心底升起，这样的经验会成为你此生经常提起的话题。

● 镜湖

🚌 搭乘优胜美地谷地巴士，在 17 下车，即达步道入口 ❗ 这一带是山狮栖息地，尽量避免独自在山里健行

在 19 世纪末，镜湖被人广为宣传，而成为国家公园里首屈一指的名胜。尽管时至今日，镜湖逐渐被其他风景抢去锋芒，但它仍旧是非常热门的健行目的地。虽名为湖，其实镜湖只是泰纳雅溪（Tenaya Creek）中的小浅塘，它的形状会依着水量而变化，到了夏末，溪流不再有雪水供应，这处水塘便会干涸。

从步道口前往镜湖的路程大约只有 1.5 千米，1 个小时之内就可以来回，但大多数人却会花上个把钟头，因为美丽的景致不但会拖慢游人脚步，更会让人流连忘返。天气晴朗的日子里，在湖边等待风停，湖面上的波纹慢慢平静，群山倒影也渐渐清晰。这幅上下对称的画面，格外和谐，足以让人忘却凡尘琐事。

● 优胜美地博物馆

🚌 搭乘优胜美地谷地巴士，在 5 或 9 下车。或酋长岩巴士，在 E1 下车即达 🕐 每日 10:00—16:00 💴 免费

优胜美地博物馆成立于 1925 年，是美国第一座国家公园内的博物馆。馆内展示本地原住民的文化历史、传统技艺与生活方式，博物馆后方空地上还保留了一座米沃克族（Miwok）的村落，可循步道一一走访族人的家居、酋长住所、谷仓、树皮屋等传统建筑。

另外，在游客中心另一边的商店中，有间安塞尔·亚当斯艺廊（Ansel Adams Gallery），陈列着多幅安塞尔当年在优胜美地拍摄的著名杰作，也很值得一看。

🌱 收获

要观看冰河退去后留下的壮观冰河地形，让优胜美地的美景尽收眼底，挑战半圆顶峰的登顶步道绝对会是个难忘的体验。不过还有另一种玩法也很有趣，因为半圆顶峰的景色除了最为人熟知的从冰河景观点看到的角度外，从各个角度看到的又是全然不同的风貌。如走在镜湖步道就又是完全不同的景色，亲子一同在健中找寻秘密景点，也是出游的一大乐趣。仔细观察公园内的自然景观，处处都充满了新奇的发现。最后不妨到优胜美地博物馆，了解此处的原住民文化历史，看看艺廊展出的优胜美地风景照。

优胜美地国家公园吃住行

🛏 住

● 优胜美地国家公园住宿
☎ 801-559-4884
🌐 www.yosemitepark.com/lodging.aspx

Yosemite Lodge at the Falls
🏠 9006 Yosemite Lodge Dr（优胜美地河谷）

Curry Village
🏠 9010 Curry Village Dr（优胜美地河谷）

The Ahwahnee
🏠 1 Ahwahnee Dr（优胜美地河谷）

Housekeeping Camp
🏠 优胜美地河谷

Wawona Hotel
🏠 8308 Wawona Rd（瓦沃纳）

🚗 行

● 开车

从洛杉矶出发

走 I-5 N，于221号出口（往 Bakersfield / Fresno）靠左侧车道接上 CA-99。到了 Fresno 时，于131号出口（往 Yosemite）接上 CA-41。过了 Oakhurst 后，再开约24千米，即达公园南入口。路程约450千米。

从旧金山出发

走 I-80 E，过海湾大桥后靠右侧车道，接上 I-580 E（往 Hayward / Stockton），约74千米后切左侧车道，走 I-205 E（往 Tracy / Stockton）。公路会入 I-5 N 后，于461号出口接上 CA-120 E（往 Manteca）。这时有两种选择，夏天时建议靠左侧车道，走 CA-99 / CA-120，于242号出口（Yosemite Ave）下交流道，接着沿 CA-120 一直走，即可到达公园 Big Oak Flat 入口，路程约265千米。若是其他季节 CA-120 路况不明时，在上述岔路靠右侧车道走 CA-99 S（往 Modesto / Fresno），到了 Merced 后，于186B 出口（往 Mariposa / Yosemite）下交流道，出匝道后左转，沿着 CA-140 E 一直走，可达公园 Arch Rock 入口，路程约320千米。

● 火车

从旧金山出发，在海湾大道东侧的 Emeryville 火车站搭乘美国国铁的 San Joaquin 列车，每日07:40、13:25出发，于10:33、16:15抵达 Merced。再换乘国铁巴士，于11:00、17:30出发，13:25、20:22抵达 Yosemite Lodge 站。全程票价为 $36，儿童半价。

美国国铁
☎ 1-800-872-7245
🌐 www.amtrak.com

● 园区交通

谷地巴士 Valley Shuttle

每日07:00—22:00，约10~20

分钟一班，全年行驶。路线行经 Yosemite Lodge、谷地游客中心、Curry Village、Upper Pines 营地与各主要步道口。

酋长岩巴士 El Capitan Shuttle

夏季每日 09:00—18:00，约 30 分钟一班。路线行经谷地游客中心、新娘面纱瀑布、酋长岩与通往冰河观景点的 Four Mile Trail 步道口。

快捷巴士 Express Shuttle

夏季每日 09:00—18:00，约 20 分钟一班。提供谷地游客中心与游客停车场的接驳服务。

● 观光行程

Yosemite Valley Floor Tour

这个行程全年运行，晚春到初秋乘坐的是露天式的游园列车，冬季则乘坐暖气巴士。路线行经优胜美地谷地内各大景点，并由巡逻员沿途解说谷地地理、历史及动植物知识。

🏠 从 Yosemite Lodge 出发
🕐 每日数个梯次，行程约 2 小时，当日班次请洽游客中心
💴 成人 $25，62 岁以上老人 $23，5~12 岁儿童 $13

Yosemite Grand Tour

结合优胜美地谷地行程、马里波萨神木行程与冰河观景点行程的全日行程。

🏠 从 Yosemite Lodge 出发
🕐 5 月底至 11 月初，每日 08:45 出发，约 17:30 返回

💴 成人 $90，老人 $82，5~12 岁儿童 $56。午餐需另付 $13.5

● 国家公园门票

一般门票

入园费以车计算，每辆车 $30（11 月至次年 3 月为 $25），门票有效期为 7 天。请将门票放在挡风玻璃上，以备遇到票亭时查验。

国家公园年票

如果你在一年之内有计划造访 4 个以上国家公园，建议购买一张 $80 的国家公园年票。

● 旅游咨询

☎ 209-372-0200 #3-5
🌐 www.nps.gov/yose

谷地游客中心 Valley Visitor Center
🚌 搭乘优胜美地谷地巴士，在 5 或 9 下车。或酋长岩巴士，在 E1 下车
🕐 每日 09:00—17:00

图奥勒米草原游客中心 Tuolumne Meadows Visitor Center
🕐 夏季 09:00—17:00

瓦沃纳游客中心 Wawona Visitor Center
🕐 夏季 08:30—17:00

大橡树信息站 Big Oak Information Station
🕐 夏季 08:00—17:00

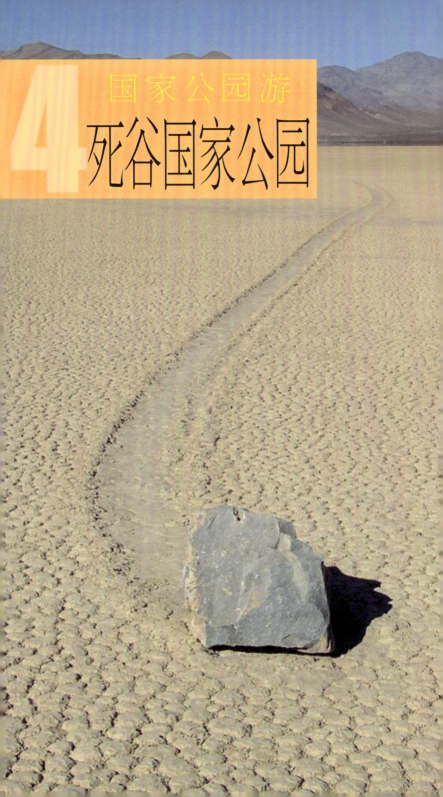

🌻 死谷国家公园概况

死谷是美国气温最高、地势最低的地方，由于板块拉扯，使地壳产生断层，随着地层倾斜、翻转，一边隆起成内华达山脉、巴拿明山脉等高山峻岭，而另一边却下沉到低于海平面，成为今日的恶水盆地。西边高山横绝天际，当中还有座标高4421米的惠特尼峰，来自太平洋的水汽过不了山脉，在西麓便已化为云雨，致使东麓谷地极度干燥，仅靠着难得的暴雨与泉水滋润的绿洲维持当地生态。洼地不但吸收热能，热空气更因群山环绕而无法散出，让恶水盆地夏季均温在40℃以上，最热还曾留下57℃的历史纪录。即使如此不利生存，死谷却因封闭的环境及高落差的地势，创造出多样性的生态圈，许多物种甚至是他处所无。

世代居住于此的原住民肖肖尼人（Shoshone）称呼这里为"生命之谷"，直到1949年淘金热时，一群想抄快捷方式的淘金客在此迷路，其中一人不幸丧生，才使谷地的名字猪羊变色。虽然本地金矿产量不足以让这里成为另一座克朗戴克，但硼砂矿的开采的确令死谷繁荣了好一阵子，当时这种用于肥皂与工业生产的原料，以20头骡组成的骡队运输，一度成为死谷的鲜明形象。然而20世纪初的经济恐慌使矿产公司纷纷倒闭，死谷的开矿活动也随之终结，只留下一座座人去楼空的鬼镇，今日不少地方还能看到当时的设备与房舍遗迹。

🖐 线路推荐

第一天： 扎布里斯基角—艺术家景观道—魔鬼的高尔夫球场—恶水—天然桥—但丁瞭望点

第二天： 梅斯基特平地沙丘—马赛克峡谷—史考特城堡—优比喜比火山口

第一天

● 扎布里斯基角

　　扎布里斯基角是美西最著名的恶地形（badland），崎岖的大地仿佛远古巨龙的骨骸搭建成的迷宫，一旦误入其中，恐怕就会回到洪荒时代。其实早在 900 万年前，这里曾是一座大盐湖，来自邻近山脉的火山灰、泥浆与碎石砾，一同沉积在湖底，形成泥岩、沙泥岩与砾岩层。后来湖泊干涸，加上死谷形成所带来的干旱气候，这些沉积岩层于是受到旺盛的侵蚀作用雕刻，逐渐形成特殊的地貌。而风化与地热的影响，也为这地形带来色彩上的差异，其中黑色的部分来自 300 万年前火山喷发出的岩浆，由于质地较为坚硬，足以拒抗侵蚀作用，这便是黑色冠顶较为高耸的原因。

　　法国结构主义哲学家福柯曾经声称扎布里斯基角让他激发出不少灵感，而这片神奇的景色同样也造就了意大利现代派电影大师安东尼奥尼，他拍摄出一部以它为名的电影。另外，摇滚天团 U2 的经典专辑《乔舒亚树》的封面背景正是扎布里斯基角的景色。

● 艺术家景观道

这条近 15 千米长的单向道路，带领游客进入图画般的世界，沿路经过的火山岩与沉积岩，就像印象派画家的笔触般，或撇或捺，一笔一笔画上去的。尤其太阳下山之前，耀眼的落日金光照射在这些岩壁上，更是光彩夺目。景观道上最精彩的就是艺术家调色板（Artists Palette），这一带岩石像是被人泼上了颜料般，红、青、蓝相间，看上去极不自然。大约 500 万年前，持续爆发的火山使这里被火山灰所覆盖，火山灰中的矿物沉积，经过热、水、空气的化学作用，产生

氧化还原反应，让此处地质富含多种矿物元素。而其中的赤铁矿就是今日人们所看到的红色，至于青色则来自亚氯酸盐。大地之母的艺术天分，实在令人折服。

● 魔鬼的高尔夫球场

这又是一幅不可思议的画面，一望无际的白色石头，以极为凹凸不平的姿态填满了整片大地。仔细观察这些被风化得如同蜂窝一般的石头，赫然发现那上面的白色竟是脆弱的岩盐结晶。这里在远古时代曾是曼利盐湖（Lake Manly）的一部分，湖水蒸发后，大量盐分沉积在岩石上，再经由风和雨的形塑，成为奇异壮观的景象。这

片广袤无垠的盐盘，今天仍有循环性的洪水带来充足盐分，而在天气变化时，侧耳倾听，或许还能听到盐结晶因热胀冷缩而碎裂的声音。

至于奇特的名字由来，则是因为 1934 年国家公园管理处的导览手册上曾有如下叙述："能够在这里打高尔夫的，大概只有魔鬼了吧！"

● 恶水

恶水盆地是北美地势最低洼的地点，高度低于海平面约 85.5 米，当游客从停车场回头向上看，可望见高高的岩壁上标示了海平面的位置。虽然从山上冲刷下的泥沙也会填入谷地，但板块仍在倾斜，沉积的速度其实和地壳下陷的速度相当。在远古时期，这里曾是片名为曼利的湖泊，后来湖水干涸，只留下一大片盐沼。而这循环至今仍在延续，邻近山区的暴雨为此处招来洪水，岩层中的矿物质溶解于水中，被洪水挟带到此低地，洪水形成短暂的湖泊，蒸发后又堆积出新的结晶盐层。于是人们步入其中，脚下尽是白茫茫的一片，仿佛置身冬日雪地，但燠热的空气提醒你这只是个错觉，这里可是全美国最炎热的地方，夏季均温高于体温，建议避免在 6—9 月前往。

盆地外围区域常有地下水渗出，形成许多小水塘，早年来此绘制地图的测量员以为可以让骡子饮水，但很快他就发现这里的水盐分过高，根本无法饮用，遂将此地命名为恶水。尽管如此，仍有许多生物是靠着这些池水维生，像是恶水蜗牛就是死谷特有的物种。

● 天然桥

天然桥峡谷是国家公园内少数有步道口的峡谷之一，这里所要看的，就是那道因万年来的侵蚀与风化作用而形成的天然巨石拱门。深不可测的大自然力量，硬是将石墙凿穿一个洞，让这里看起来就像一处通往神秘领域的入口。其实穿过这道石门走下去，的确可以发现许多大自然的奥妙，像是断层的剖面、干涸的泥瀑等，都为这一带的地质形成提供不少证据。

● 但丁瞭望点

但丁瞭望点位于黑山（Black Mountain）山顶上棺材峰（Coffin Peak）的北侧，与底下的死谷落差高达 1669 米。当探险队第一次来到这个地方时，立刻就被眼前的景象给震慑住了，辽阔的死谷谷地往远方延伸，对面是巍峨的巴拿明山脉与内华达山脉，从山上被暴雨冲刷下的矿物质，在迅速干涸的谷地上沉积成水墨渲染似的奇幻图案，而正下方的恶水盆地，则像是积了雪般白茫茫一片。这幅风景既荒芜如同地狱，却又唯美胜似天堂，引发一种超越现实的迷幻感，因此人们便以《神曲》的作者但丁来为其命名。

另外，在 1977 年的《星球大战》四部曲中，从摩斯埃斯里眺望塔图因星，看到的就是这里的景色。

⬥ 收获

死谷国家公园因西边高山阻隔了来自太平洋的水汽，致使死谷极度干燥，也是全美最热、地势最低的地方。由于板块运动，地壳产生断层、倾斜，一边成了高山峻岭，另一边却下沉，甚至低于海平面，造成了此处丰富的地形景观。扎布里斯基角、艺术家景观道、魔鬼的高尔夫球场，每个都不能错过。不过，来死谷绝对要造访的景点应该就属恶水了。因为全美最低点就在这，最低点低于海平面约 85.5 米。

死谷国家公园有一个很特别的地方，它没有入口收费站，须自行在火炉溪游客中心、史考特城堡游客中心、烟囱井巡逻站与火炉溪营地购买门票。而在公园东方入口的 Hwy 190 旁、扎布里斯基角、恶水、Grapevine 巡逻站与各露营地，也有自动售票机，不过用机器购买门票，只能以信用卡付费。

另外，园内靠开车移动，行前除确认油量外，也要记得在游客中心拿份园区报纸，好参考上面的当日路况、封路地段等重要情报。园内不少道路是未铺设柏油的土路，轮胎及水箱温度表都要检查。虽然园内道路并不复杂，但千万别靠 GPS，还是要遵照地图，留意是否行驶在对的路上。如果打算在这儿待上一天以上的话，除了找旅馆住宿，在此露营也是个好选择，夜晚的死谷可是个观察星星的好地方呢！

■ 第二天

● **梅斯基特平地沙丘**

　　这处沙丘迤逦约 36 平方千米，横跨死谷谷地最宽阔的部分，由于就位于主要道路旁，因而在众多沙丘中最具知名度。这些细致的沙粒来自周遭被风侵蚀的山脉，强风挟带沙尘吹袭，到了这个地方后受到图基山（Tucki Mountain）的阻挡，风势骤缓，于是沙粒便聚集于此，形成广大的沙丘地。

　　这里最高的沙丘约 40 米高，距离停车场虽仅有 1.6 千米，但中间需经过其他较小的沙丘。清晨与傍晚气温较为凉爽，是最适合爬沙丘的时刻，若在拂晓前来，还有机会看到夜行动物在沙丘上走过的踪迹。而在温暖的季节里，除了要避开炙热的正午阳光，还得提防响尾蛇的袭击。

● 马赛克峡谷

需行驶约 3.2 千米的土路至停车场

马赛克峡谷是公园内非常受欢迎的健行步道，这是在百万年前因断层产生的裂隙，图基山北麓的洪水利用这条缝隙宣泄，经由数世纪的切割所形成。其名字来自峡谷口岩壁中的马赛克角砾岩，各种不同大小、种类及颜色的石砾，如同被工匠镶嵌后再抛光磨洗般，光滑、多彩，让人联想起儿时家里的马赛克瓷砖浴缸。而这工匠便是大自然，突发性的洪水将来自不同母岩的砾屑冲刷至峡谷口，经年累月的挤压加上河水切割，成就了今日马赛克岩壁的奇景。

再往里走约 400 米，便会来到峡谷最窄处，马赛克角砾岩的地位被正午白云石取代，洁白光滑的横向纹路，夹着一条蜿蜒曲折的小径，又是另一番风景。这种石灰岩最初是 7 亿年前的沉积物，当时这里还沉没在太平洋中，由于上面新的沉积物挤压，加上地底的热力作用，遂逐渐变质为大理石。日后随着板块隆起、流水切割，于是又重新暴露在外。

要是时间许可，不妨再往峡谷深处走去，这条路径会变得时而宽阔，时而狭窄，中途需爬过一块挡路的巨石，3.2 千米后抵达一处干涸的瀑布前，那里便是步道的尽头。

● 史考特城堡

⚠ 目前城堡因洪水损坏，关闭维修中

史考特城堡其实正式名称为死谷农场（Death Valley Ranch），位于死谷北端的绿洲葡萄藤峡谷（Grapevine Canyon）内。绰号"死谷史考特"的华特·史考特是一位谜样的探矿者，虽然他向所有人宣称这栋城堡是用他挖出的金矿盖成的，但事实上他从未在死谷挖掘出任何东西。城堡主人是芝加哥富豪艾伯特·强森，史考特说服他在死谷开采金矿，虽然当强森发现这只是史考特不切实际的幻想时，他一度非常愤怒，但后来却被死谷美妙的景色所感动，并戏剧性地和史考特成为要好的朋友。大约1922年时，强森在葡萄藤峡谷建了这座西班牙风格的庄园，作为他私人的度假别墅，并交由史考特管理。强森与史考特相继过世后，国家公园管理局买下这栋财产，并作为游客中心使用。

今日城堡内仍维持当年的装潢摆设，包括从前富豪人家的家具、强森夫妇的衣物与一架珍贵的管风琴等，巡逻员也会穿着20世纪30年代的服饰，向游客提供导览行程，一同走回死谷过去的辉煌时光。

● 优比喜比火山口

在死谷北部有群低平火山口，优比喜比是其中最大的一个，宽度长达800米，坑底更深达183米。不同于死谷其他地形动辄以百万年为计算单位，这群火山坑只有数千年的历史，优比喜比甚至极有可能是近300年前才形成。当地底岩浆上升到接近地下水层的高度，地下水因沸腾而产生大量蒸汽，一旦蒸汽压力达到饱和，便会连同碎石一同喷发，在地面上形成一座座坑洞。

除了在停车场边欣赏这幅奇景，许多游客也喜欢沿着火山口边缘健行，走一圈大约是800米，途中还能看见其他较小的火山口。也有人会走到坑底一探，但要提醒的是，走下坑底或许很轻松，但要爬上来就比较累人了。

⟁ 收获

眼前是无边无际的白色石头，这些蜂窝般凹凸不平的白色石头竟是脆弱的岩盐结晶。因为这里古时曾是盐湖的一部分，湖水蒸发后，盐分沉积在岩石上，同样的过程一再循环，先是因邻近山区的暴雨为此处招来洪水，使得岩层中的矿物质溶解于水中，被洪水挟带至此低地，洪水因此形成短暂的湖泊，蒸发后又堆积出新的结晶盐层，最后就变成今日所见的壮观景象。来到此处，脚下白茫茫的一片，所见仿佛置身冬日雪地。

如果孩子有兴趣，体力也够的话，不妨一同挑战看看相当受欢迎的马赛克峡谷的健行步道，请务必携带足够的水，好随时补充水分。洪水利用因断层产生的裂隙宣泄，经数世纪的切割所形成，将来自不同母岩的砾石冲刷至谷口，长久的挤压加上河水切割，成就了今日的奇景。时间许可的话，不妨再往深处走，这条路径会变得时宽时窄，中途还需爬过一块巨石，再往后便能看到步道尽头的瀑布。另外还有像梅斯基特平地沙丘（Mesquite Flat Sand Dunes）等特别的地形景观。而今日改为游客中心的史考特城堡内部仍维持着20世纪30年代的摆设，值得参观。有机会的话，死谷的景点一定要一一造访。

🌀 死谷国家公园吃住行

🛏 住

Stovepipe Wells Village

🏠 51880 Hwy 190, Death Valley, CA
　92328（烟囱井）
☎ 760-786-2387
🌐 www.deathvalleyhotels.com

Furnace Creek Inn & Ranch

🏠 Hwy 190, Death Valley, CA 92328
　（火炉溪）

☎ 760-786-2345
🌐 www.furnacecreekresort.com

Panamint Springs Resort

🏠 40440 Hwy 190, Panamint Springs,
　CA 93522（巴拿明泉）
☎ 775-482-7680
🌐 www.panamintsprings.com

🚗 行

● 开车

从洛杉矶出发

　从洛杉矶开车，走 I-5 N，于 162 出口靠右侧车道接上 CA-14 N（往 Palmdale / Lancaster）。约 112 千米后，在 Mojave 镇上靠右侧车道，右转继续走 CA-14 N（往 Bishop / Reno）。约 80 千米后，CA-14 N 会入 US-395 N，再开约 66 千米，于 Olancha 镇上注意往 Death Valley 的右转路标，右转进 CA-190 E。走到底右转，继续走 CA-190 E，再开约 48 千米，即达死谷国家公园西侧的巴拿明泉（Panamint Springs）。路程约 370 千米。

从拉斯维加斯出发

　开车走 I-15 S，于 33 出口（往 Blue Diamond Road）下交流道，走 NV-160 W。过了 Pahrump 镇时，注意往 Death Valley National Park 的左转指标，于 Bell Vista Ave 左转（路牌很小，请注意）。过了州界后，于路底右转 CA-127 N，再立刻左转 CA-190 W，约 48 千米后，即达死谷国家公园东侧的火炉溪（Furnace Creek），路程约 200 千米。走 I-5 N，于 221 号出口（往 Bakersfield / Fresno）靠左侧车道接上 CA-99。到了 Fresno 时，于 131 号出口（往 Yosemite）接上 CA-41。过了 Oakhurst 后，再开约 24 千米，即达公园南入口。路程约 450 千米。

● 园区交通

　开车是在园内移动的唯一方式，记得一定要去游客中心拿份园区报纸，上面会有当日路况、封路地段、特殊警告等重要情报。通往某些景点的道路为未铺设路面的土路，行前一定要先检查车辆的轮胎，并时时注意水箱温度表。园内道路并不复杂，但仍要仔细研究地图，留意是否行驶在正确道路上，千万别依赖 GPS。

🚗 行

● 国家公园门票

死谷没有公园入口收费站，游客须自行在火炉溪游客中心、史考特城堡游客中心、烟囱井巡逻站与火炉溪营地购买门票。而在公园东方入口的 Hwy 190 旁、扎布里斯基角、恶水、Grapevine 巡逻站与各露营地，也有自动售票机，不过用机器购买门票，只能以信用卡付费。

一般门票

入园费以车计算，每辆车＄25，门票有效期为 7 天。请将门票放在挡风玻璃上，以备巡逻员查验。

国家公园年票

如果你在一年之内有计划造访 4 个以上国家公园，建议购买一张＄80 的国家公园年票。这张卡片自启用起，有效期至翌年的同月份，适用于全美国的国家公园与国家纪念地（如缪尔红杉保护区、恶魔岛等）。每张卡片可写上两个名字，也就是说，每次入园时，两人中的其中一人必须在车上，且需出示身份证明文件。

● 旅游咨询

在游客中心可拿到园区地图，并要特别留意当日公布的气温预测、危险路段、洪水警报等信息。若要从事健行，务必携带足够的饮用水，并定时补充身体中的水分，以免发生危险。

🌐 www.nps.gov/deva
火炉溪游客中心 Furnace Creek Visitor Center
☎ 760-786-3200
🕐 每日 08:00—17:00
史考特城堡游客中心 Scotty's Castle Visitor Center
☎ 760 –786-2392
🕐 目前暂时关闭中

附录 1 美国九大著名博物馆

1. 美国国家美术馆

拥有美国最重要且风格完整的艺术收藏。原始建筑是落成于 1941 年的西馆，随着馆藏日益丰富，于 1978 年开放新的东馆。目前西馆主要展示中世纪到 19 世纪的欧洲绘画，东馆则是 20 世纪后现代艺术的陈列之地，东、西馆之间由地下通道相连。

2. 大都会艺术博物馆

这座西半球最伟大的美术馆总展示面积广达 0.2 平方千米，收藏品超过 300 万件，从旧石器时代到当代艺术应有尽有。目前博物馆共分 19 个部门、数百间展厅，几乎任何时代、任何地区、任何形式的艺术，在这里都有非常可观的收藏。

3. 旧金山亚洲艺术博物馆

拥有广泛的亚洲艺术品，收藏有来自中国、日本、朝鲜、印度尼西亚等亚洲国家的各类艺术珍品 15000 多件，是全美拥有亚洲艺术藏品最多的博物馆，其中又以中国文物为主。

4. 美国国家航空航天博物馆

在两层楼的展览馆内，拥有超过 5 万件展品，其中不少还是飞机、火箭等庞然大物。这些展品诉说了人类对于征服天际、探索未知的渴望，将 100 多年来航天发展的脉络谱系系统地呈现在大众眼前。

5. 美国自然历史博物馆

共有 45 个大大小小的展览厅，布展主题横跨生物学、人类学、天文学与地球科学，馆内收藏大致可分为古生物化石、动物标本模型、各民族文化艺术与矿物宝石几个类型。还有剧场、图书馆、天象馆等设施。

6. 盖蒂别墅博物馆

博物馆本身是仿建古罗马的帕比里别墅。这里专门收藏古希腊、古罗马与伊特鲁里亚文化的古物，年代横跨公元前 6500 年至公元 400 年，著名馆藏不计其数。

7. 西雅图美术馆

西雅图美术馆以展示多元文化、时间和空间的艺术为主旨，在常设馆藏中，又以美洲原住民艺术最具吸引力。同时，这里也经常举办各种不同类型的特展，如充满惊奇的后现代艺术。

8. 亚利桑那纪念馆

纪念馆建在海上，也是原战舰残骸的正上方，外观为全白拱桥状。为了纪念珍珠港事件中阵亡的官兵，于 1962 年开始建造此纪念馆。自 1980 年建成之后，就由国家公园管理局和海军亚利桑那纪念馆游客管理中心共同负责管理。

9. 波士顿儿童博物馆

看见波士顿的标志就是一只高 40 米的超巨大奶瓶，这个瓶子自 1977 年被捐献给了儿童博物馆后，成为一个室外饮食摊点。它的后面就是波士顿儿童博物馆。4 个楼层的展品可满足各个年龄段的儿童。

附录 2 美国亲子游，您必须要知道的

美国概况

概说

当 19 世纪的欧洲移民们站在船头远远望见自由女神时，他们看到的其实是"梦想"。纽约，这座由千千万万人的梦想所筑成的城市，有许多你不能不见识一下的事物，每一处都具有时代特征。

除了纽约之外，其他大城市也颇有看头。如美国首府华盛顿特区，无论在历史典故、文化艺术、街头风景还是吃喝玩买上，都有数不尽的玩乐因子。尤其是华府国家广场上世界级的博物馆，统统都是免费参观。

而西岸的加州可以说是美国文化的缩影，甚至从某方面来说，加州制造出了一部分美国文化，并将它强力放送给全世界。洛杉矶、旧金山这些城市，就算没有亲身去过，也不会感到陌生，我们早已在好莱坞电影、电视剧、流行音乐中，游荡了那里无数次。

历史

1620 年，一群清教徒搭乘五月花号登陆科德角，建立了普利茅斯殖民地，这便是英国人正式殖民新大陆的开始。

18 世纪 60 年代，英国在新大陆已拥有 13 个殖民地，但由于母国财政问题，对新大陆极尽横征暴敛，而新大陆人民在美国国会中又没有席次，使得双方关系日益剑拔弩张。1773 年"波士顿倾茶事件"将冲突升高到顶点。

1776 年更签署了《独立宣言》，北美殖民地正式脱离英国。

1783 年美国正式独立建国。

19 世纪中，南北各州因蓄奴制度的认知差异而产生裂痕，1865 年国家才又归于统一。

20 世纪初的第一次世界大战使欧洲元气大伤，诸王纷纷落马，美国作为战胜国，且战场远在大西洋彼岸，因而一跃成为世界强国。第二次世界大战战场没有波及美国大陆本土，使战后的美国更为强大。

魅力

到美国东岸大城，可以亲眼瞧见许多代表美国形象的景物：自由女神、白宫、布鲁克林桥、中央公园等，加上许多汇聚于此的重量级博物馆，美国历史借由这些景物仿佛全都活了过来！而这些大城市不只以天际线闻名，夜景一样大有看头，夜晚亮起的万家灯火横无际涯，那景象真令人终生难忘。

西岸的加州是个特别的地方，即使毫无地理常识的人，也一定听过或知道

加州的著名景点，这都拜我们从小到大看的这么多好莱坞电影所赐。于是加州成了新时代的美国梦，那些我们从未去过，却又好像很熟悉的名字，都成了逐梦的目标。此外，西岸除了有名的沙滩外还拥有丰富的自然景观，有些景色如果没有亲眼看到的话，还以为是电影特效做出来的呢。

什么时候带孩子去合适

美国东岸夏季炎热，纽约 7、8 月的白天气温超过 30℃是稀松平常的事。因此夏季到美国东部旅游，简单的 T 恤是最好的装扮，不过若要去港边或搭船出海，海上风大，最好还是带件薄外套。

春、秋两季是最舒适的季节，3 月下旬之后，残雪大多已经融化，公园里百花盛开。9—11 月的秋天，气温凉爽很适合出外旅游，不过秋天也是美国东部飓风季节的高峰期。

冬季日均温在 0℃左右，大约 11 月中就有可能降下第一场雪，冬季的纽约其实非常漂亮，但这个季节可能会有遇上暴风雪的旅游风险。

而西岸的加州夏天干燥少雨，大多是晴天，白天时气温很容易就超过30℃，要注意防晒。至于湾区一带，夏季均温在 17℃上下，即使白天也很少超过 30℃，加上海风吹袭，体感温度更是凉爽。沿海城市昼夜温差很大，出门最好带件薄外套，以备夜晚气温骤降。

冬季约 11 月至次年 3 月是加州的雨季，但仍是晴多于雨。南加州冬季均温依然有 14℃，白天也还是有可能在 20℃以上；湾区日均温在 10℃左右。

美国亲子游的花销

了解美国的消费现状：收入与汇率

人民币兑换美元（USD）约为 6.4 : 1（实际汇率会有变动）。美元硬币有 1¢（penny）、5¢（Nickel）、10¢（Dime）、25¢（Quarter）、50¢（Half dollar）、$1（Dollar coins），纸钞则有 $1、$5、$10、$20、$50、$100。

一般美国人会把太细碎的零钱当成小费送掉，但 25¢记得多留几枚，不论停车还是坐公交车，或使用需要投币的机器时，都很好用。

美国签证如何办理

2014 年 11 月 11 日起，中美互惠延长发放给对方公民的短期商务和旅游签证，以及学生和交流签证的有效期。中国公民申请美国商务（B1）、旅游（B2）

或商务 / 旅游（B1/B2）类签证，可获发有效期最长为 10 年的多次入境签证。

对于 14 岁以下或者是 80 岁以上的申请人， 或者上一个美国签证失效日期未超过 12 个月，并且此次赴美与上次目的相同，那么可以通过免面谈续签服务申请签证。其他则需提出申请获签。

🌐 www.embcolch.org.cn

1. 美国驻华大使馆

🏠 中国北京市朝阳区安家楼路 55 号，邮编：100600
☎ （010）8531-3000
🌐 http://chinese.usembassy-china.org.cn/

2. 美国驻上海总领事馆

🏠 上海市淮海中路 1469 号，邮编：200031
☎ （021）6433-6880
🌐 http://shanghai-ch.usembassy-china.org.cn/

3. 美国驻沈阳总领事馆

🏠 沈阳市和平区十四纬路 52 号，邮编：110003
☎ 签证预约：（024）2322-2147；签证咨询：（024）2322-1198
🌐 http://shenyang.usembassy-china.org.cn

4. 美国驻成都总领事馆

🏠 四川省成都市领事馆路 4 号，邮编：610041
☎ （028）8558-3992，（028）8558-9646；签证话务中心：4008-872-333（从中国拨打）
🌐 http://chengdu.usembassy-china.org.cn

5. 美国驻广州总领事馆

🏠 广州市天河区珠江新城华就路 43 号（靠近地铁 3 号线或 5 号线珠江新城站 B1 出口），邮编：510623
☎ 020-3814-5000
🌐 http://guangzhou.usembassy-china.org.cn

6. 美国驻香港总领事馆

🏠 香港花园道二十六号
☎ (852)2523-9011
🌐 http://chinese.hongkong.usconsulate.gov

中国驻美国使领馆分布及联系方式

中华人民共和国驻美利坚合众国大使馆

🏠 3505 International Place,N.W. Washington,D.C.20008，U.S.A.
☎ 001-202-495-2266

中华人民共和国驻纽约总领事馆

🏠520 12TH AVENUE, NEW YORK，NY 10036, USA.
☎001-212-2449456，001-212-2449392

中华人民共和国驻旧金山总领馆

🏠1450 Laguna Street,San Francisco, CA 94115
☎001-415-852-5900

中华人民共和国驻洛杉矶总领事馆

🏠443 Shatto Place, Los Angeles, CA 90020
☎001-213-8078088

如何在美国打电话

◎ 中国拨打美国：001+ 区号（州或城市）+ 电话号码

打手机：001 + 手机号。

◎ 美国拨打中国：01186+ 手机号码，或者 01186+（区号去 0）+ 座机号码。

◎ 美国拨打同区市话：直接拨打 7 位数电话号码。

◎ 美国拨打长途电话：1 + 区域号码 + 电话号码。

美国许多提供服务的业者都有免付费电话，其开头为 1-800、1-888、1-887、1-886，但要注意的是，这些免付费电话都只能在美国国内或加拿大拨打。

怎么在美国上网

◎ 在美国可以去 T-Mobile，Verizon，AT&T 这些公司的门店办理相关的旅游套餐；如果没有旅游套餐，也可以直接办一个普通的套餐，在回国之前取消该套餐即可。

◎ 在美国的大部分酒店、餐厅、商场里都有免费 Wi-Fi 可以连接。有的地方还有城域网 Wi-Fi，但是通常要收费。

◎ 把自己的手机开通国际漫游服务，但这个自费可不便宜。

◎ 在国内租一个美国的 3G/4G 随身 Wi-Fi，这是一个装了 3G/4G 服务 Wi-Fi 的热点装置，可以同时支持几台设备连接上去，这是目前去美国最靠谱的上网方式。

注：国内手机在美国一般都可以使用电话和 2G 上网功能，但是 3G 和 4G 上网还需要看具体手机型号。AT&T 的 3G 网络使用的 WCDMA 技术，3G 频段是 850MHz 和 1900MHz，4G 用的是 FDD LTE，频段主要是

700MHz。中国移动 TD-SCDMA 手机和中国电信 CDMA 手机要特别注意，大部分不能用。建议购买前先查询自己的手机型号是否支持。

美国其他需要掌握的知识

饮食特点

鲜甜肥美的龙虾、香辣带劲的辣鸡翅、豪爽多汁的牛排、创意十足的汉堡，都是美国当地的招牌美味。

天气状况

美国东北属温带大陆性湿润气候，往南过了纽约之后，副热带湿润气候的特征逐渐明显。基本上，这片区域四季分明，全年降雨分布平均，晴天的日子还是占了大多数。冬天虽然寒冷，但比起同纬度的内陆地区还是温暖一些。而邻近海边的地带在海风吹袭下，往往体感温度会比离海较远的地方再凉爽点。

加州沿海属于地中海型气候，全年气温舒适，湿度小。降雨大多集中在冬季，不过总雨量不多，时常受干旱之苦。平地在冬天几无下雪的可能，不过山区随着海拔逐渐升高，冬天经常会有大雪封山的情形，如果有冬天上山的计划，一定要注意路况报道。夏天气候则干燥炎热，南加州一带常有焚风出现，森林大火的新闻屡见不鲜。

小费信息

美国多数服务人员的薪资结构中，并不包含服务费这一项，小费于是成了他们主要的收入来源。因此，在美国接受服务必须给予小费才不会失礼。给小费的参考标准如下：

◎ 餐厅：午餐为税前金额 × 10%~15%，晚餐为税前金额 × 15%~20%。刷卡的话，在签单金额下的 Tip 字段写上要给的小费金额，再把付账的总额填入总金额字段内，习惯上都会凑成整数（少数餐厅会自动把小费加进去，因此付账前要先看清楚账单）。付现的话，把找回的零钱凑足要给的小费金额留在桌上。在某些较小的店里，收银台前会放一个小费罐，把找回的散零丢进去即可。至于快餐店等自行在柜台点餐的餐厅，则没有给小费的必要。

◎ 出租车：小费约为 15%，若请司机帮忙提行李，则可再多一点，不过部分出租车是不找零的，请多加注意。

◎ 旅馆：清洁服务每晚 ＄1~2，搬运行李或招呼出租车也是 ＄1~2。